Henrike Müller (Hg.)

Ein Recht auf Rechte in Europa?

EUROPÄISIERUNG

Beiträge zur transnationalen
und transkulturellen Europadebatte

herausgegeben von

Prof. Dr. Ulrike Liebert
Prof. Dr. Josef Falke
Prof. Dr. Wolfgang Stephan Kissel

(Jean Monnet Centre for European Studies
Universität Bremen)

Band 10

Henrike Müller (Hg.)

Ein Recht auf Rechte in Europa?

Zur Bedeutung Europäischer Grundrechte
im Kontext nationaler Praktiken

LIT

Umschlagbild: Daniel Tautz / Manuel Warrlich

Gefördert durch das Programm zum lebenslangen Lernen der Europäischen Kommission

Gedruckt auf alterungsbeständigem Werkdruckpapier entsprechend
ANSI Z3948   DIN ISO 9706

Bibliografische Information der Deutschen Nationalbibliothek
Die Deutsche Nationalbibliothek verzeichnet diese Publikation in der Deutschen Nationalbibliografie; detaillierte bibliografische Daten sind im Internet über http://dnb.d-nb.de abrufbar.

ISBN 978-3-643-12077-9

© LIT VERLAG Dr. W. Hopf Berlin 2013
Verlagskontakt:
Fresnostr. 2   D-48159 Münster
Tel. +49 (0) 2 51-62 03 20   Fax +49 (0) 2 51-23 19 72
E-Mail: lit@lit-verlag.de   http://www.lit-verlag.de

Auslieferung:
Deutschland: LIT Verlag Fresnostr. 2, D-48159 Münster
Tel. +49 (0) 2 51-620 32 22, Fax +49 (0) 2 51-922 60 99, E-Mail: vertrieb@lit-verlag.de
Österreich: Medienlogistik Pichler-ÖBZ, E-Mail: mlo@medien-logistik.at
Schweiz: B + M Buch- und Medienvertrieb, E-Mail: order@buch-medien.ch
E-Books sind erhältlich unter www.litwebshop.de

Vorwort

Angestoßen durch ein Seminar zum Thema „Gender, Religion und Demokratie: Grundrechtedebatten in Europa" haben Studierende der Fächer Integrierte Europastudien und Politikwissenschaften an der Universität Bremen zur Einhaltung und Gewährung von Grundrechten in Europa geforscht. Im Zentrum ihres Interesses standen dabei die EU-Grundrechtecharta und die Frage, für wen die dort festgehaltenen Grund- und BürgerInnenrechte gelten. Im Anschluss an das Seminar gründete sich eine studentische Projektgruppe, die die Thematik im Rahmen des von der Europäischen Kommission geförderten Projektes „CEuS macht Schule", welches vom Jean-Monnet-Centre for European Studies (CEuS) an der Universität Bremen durchgeführt wurde, weiterverfolgte. Hintergrund ihres dann folgenden einjährigen außercurricularen Engagements ist die Erkenntnis, dass Grund-, BürgerInnen- und Menschenrechte keine allen in Europa lebenden Menschen zugängliche und gegebene Selbstverständlichkeit ist. Vielmehr sind sie durch ihre Recherchen für vielfältige Formen der Diskriminierung sensibilisiert worden und begannen nach Erklärungsansätzen einerseits sowie einen demokratischen Handlungsrahmen andererseits zu suchen. In den hier versammelten Aufsätzen werden die nationalen Praktiken in verschiedenen Mitgliedsstaaten im Grundrechteschutz vorgestellt, um aufzuzeigen, dass die Gewährung von Grundrechten selbstverständlich erscheint und dennoch nicht ist.

Dr. Henrike Müller
Bremen, 28. Februar 2013

INHALT

Europas Verantwortung zum Grundrechteschutz
Lena GRASER/ Henrike MÜLLER………………………..9

Grundrechte in der Praxis der EU-Mitgliedsstaaten

Artikel 6: Recht auf Freiheit & Sicherheit:
Frei und sicher in Ungarn?
Alexander HAUSCHILD……………………………..21

Artikel 9: Recht auf Ehe und Familie
Abhängig von der Sexualität in Deutschland?
Nina ALEF…………………………………………...33

Artikel 10: Religionsfreiheit
Eine Frage des "rechten" Glaubens in Bulgarien?
Zlatka CHARAKOVA………………………………..45

Artikel 14: Recht auf Bildung
Schule für alle in Deutschland?
Sophie BOSE………………………………………...53

Artikel 14: Recht auf Bildung
Exklusive Beschulung in Spanien?
Jana PITTELKOW..71

Artikel 15: Berufsfreiheit und Recht zu arbeiten
Ausnahmeregelungen in Deutschland?
Dorothea OELFKE…………………………………..83

Artikel 18: Asylrecht
Flucht in die ‚Festung' Europa?
Christoph WIEBOLDT..91

Artikel 19: Schutz bei Abschiebung
Wer gehört in Frankreich dazu?
Sophia KLEINMANN...103

Artikel 21: Recht auf Nichtdiskriminierung
Verfehlt in Baden-Württemberg?
Jakob ROßA...117

Artikel 22: Vielfalt der Kulturen
Geachtet in Frankreich?
Saskia Tanja PETERSEN...133

Für ein Recht auf Rechte in Europa

*Ein dekonstruierender Blick auf Europa
durch „die Anderen"*
Fabian SCHRADER..141

*Perspektiven für ein gerechteres und
freiheitlicheres Europa*
Lena GRASER/ Henrike MÜLLER..............................155

Anhang
Übersicht Menschenrechtsorganisationen................163
Ergänzende Literaturhinweise...................................175
Zu den Autorinnen und Autoren................................181

Europas Verantwortung zum Grundrechteschutz

Lena Graser/ Henrike Müller

Die europäische Öffentlichkeit ist in den letzten Jahren geprägt von Krisendebatten. Den Medien kann täglich entnommen werden, dass die EU in absehbarer Zeit scheitern und der Euro der Untergang des europäischen Einigungsprozesses sein wird. Mehr Krise – so wird der Eindruck vermittelt – war noch nie. Unbestritten ist es gegenwärtig eine große europäische Herausforderung, die sozio-ökonomischen, finanz- und wirtschaftspolitischen Fragen zu klären. Es ist aber derzeit auch dringend notwendig daran zu erinnern, worum es in diesem europäischen Einigungsprozess vor allem geht. Vergessen scheint, dass das Europa des 20. Jahrhunderts geprägt war von brutalen totalitären Systemen, in denen Menschenrechtsverletzungen, Angst und Unfreiheit das tägliche Leben der Menschen in Europa prägte.

Die Bürgerinnen und Bürger Europas profitieren heute vom Mut vieler Menschen, die europaweit für Freiheit und Frieden gekämpft haben. Sie profitieren bis heute von den modernisierenden sozialen Bewegungen in Europa, wie der Studierenden- und Frauenbewegung in Westeuropa und den BürgerInnen- und Freiheitsbewegungen in den ehemaligen Ostblockstaaten. Die Europäische Union vereint freie und demokratische Gesellschaften, die sich geprägt von den Erfahrungen des letzten Jahrhunderts einen kollektiven Wertekatalog gegeben haben, der die Grundlage für eine friedliche und gemeinsame Zukunft darstellen soll: die *Charta der Grundrechte der Europäischen Union*. Wir wollen den Blick auf das demokratische und normative Fundament Europas richten und jenseits aller Krisenrhetorik fragen, wie sieht

es mit den Grund- und BürgerInnenrechten in den europäischen Gesellschaften aus? Was wurde hier bisher erreicht und wo lassen sich Defizite erkennen, die den Weg nicht ins öffentliche Bewusstsein schaffen, ob der Konzentration auf die Finanzkrise?
Die Charta der Grundrechte vereint gegenwärtig 27 demokratische Systeme mit einem normativen Wertekanon. Sie orientiert sich dabei an der Europäischen Menschenrechtskonvention, der Europäischen Sozialcharta, den einzelnen mitgliedstaatlichen Verfassungen, den internationalen Menschenrechtsdokumenten sowie an den Rechtsprechungen europäischer Gerichtshöfe.

In der Präambel der Charta heißt es:
„In dem Bewusstsein ihres geistig-religiösen und sittlichen Erbes gründet sich die Union auf die unteilbaren und universellen Werte der Würde des Menschen, der Freiheit, der Gleichheit und der Solidarität. Sie beruht auf den Grundsätzen der Demokratie und der Rechtsstaatlichkeit. Sie stellt den Menschen in den Mittelpunkt ihres Handelns, indem sie die Unionsbürgerschaft und einen Raum der Freiheit, der Sicherheit und des Rechts begründet."
(Charta der Grundrechte der Europäischen Union 2010)

Hier wird ein mehrschichtiger Charakter der europäischen Grundrechtecharta deutlich; einerseits geht es um die Schaffung von Rechtssicherheit und Rechtsschutz für die BürgerInnen innerhalb der EU, ihrem jeweiligen Nationalstaat und gegenüber der EU. Der Europäische Gerichtshof hat einen solchen einheitlichen Schutz schon lange gefordert, denn die nationalen Grundrechte unterscheiden sich zum Teil massiv bzw. stehen in Konflikt zueinander. Andererseits impliziert die Charta auch eine hohe symbolische und politische Dimension der Grundrechte im Sinne eines europäischen Wertekanons um die europäischen Kernideale wie Freiheit, Solidarität, Demokratie und Gleichheit.

Die EU-Grundrechte enthalten sowohl politische als auch kulturelle und soziale Rechte und gliedern sich in allgemeine, universelle Grundrechte sowie UnionsbürgerInnen. An dieser Stelle setzt ein erster Kritikpunkt an, der auch seit Inkrafttreten der Charta immer wieder in der Öffentlichkeit diskutiert wird: Wie kann bei gleichzeitiger Unionsbürgerschaft von universal geltenden Grundrechten gesprochen werden? Die Konzepte von Staatsbürgerschaft bzw. in diesem Fall der Unionsbürgerschaft sind mit bestimmten Inklusions- und Exklusionsmechanismen verknüpft, denn Bürgerrechte (Teil V der Grundrechtecharta) gelten nicht für alle Menschen, sondern nur für Bürgerinnen und Bürger mit einer EU-Staatsangehörigkeit. Darüber hinaus werden immer wieder gravierende Grundrechtsverletzungen in einzelnen EU-Mitgliedsstaaten festgestellt, die die Frage nach deren Ahndung aufwerfen.

Viele Ereignisse und nationale Praxen deuten auf gravierende Mängel im Bereich der Grundrechte und deren Verwirklichung hin: So wurden unter dem ehemaligen französischen Präsidenten Nicolas Sarkozy im Jahr 2010 systematisch Gruppenabschiebungen von Roma[1] aus

---

[1] Die Bezeichnung „Roma" schließt unterschiedliche europäische Volksgruppen mit ein, die zwei größten sind die *Sinti* und die *Roma*. Als Eigenbezeichnung der International Roma Institution wird seit dem ersten internationalen Roma Kongress von 1971 *Roma* als übergeordneter Begriff verwendet, so auch in diesem Band. Trotzdem

Frankreich – rechtswidrig – vorgenommen; Diskriminierung aufgrund der sexuellen Ausrichtung ist in vielen EU-Ländern an der Tagesordnung und äußert sich zum Beispiel im Verbot gleichgeschlechtlicher Ehen. In anderen Ländern, z.B. in Deutschland, wird das Recht auf Bildung für Flüchtlinge und Menschen mit ungeklärtem Aufenthaltsstatus stark eingeschränkt. Auch das Verhältnis von inneren Sicherheitsfragen und Datenschutzbestimmungen oder die notwendige Einigung auf neue gemeinsame Asylvorschriften sind Grundrechtsfragen, die gegenwärtig auf EU-Ebene kontrovers diskutiert werden.

Unbestritten ist, dass die Europäische Union den Schutz der Grundrechte in Europa sehr ernst nimmt, dies zeigt auch die Einrichtung der Agentur für Grundrechte und die zahlreichen Initiativen, die in den letzten Jahren vorangetrieben wurden. Wichtige rechtliche und politische Maßnahmen verabschiedete die EU beispielsweise in den Bereichen Opferschutz, Menschenhandel sowie Integration der Roma. In mehreren EU-Mitgliedsstaaten

---

sei darauf hingewiesen, dass es sich entgegen weit verbreiteter Vorstellungen bei Sinti und Roma um keine homogene, gesamteuropäische Gruppierung handelt. Sie teilen sich in verschiedene Gruppierungen auf, deren Namen sich beispielsweise auf Berufe beziehen (Heun 2011). Die Schwierigkeit, Sinti und Roma als kulturelle homogene Minderheit in Europa darzustellen, schlägt sich auch im europäischen Kontext nieder. So wird im Kontext der EU der Begriff „nationale Minderheiten" (Heun 2011: 85) vorgeschlagen. Dies impliziert die Anerkennung von Sinti und Roma als Minderheit durch die einzelnen Nationalstaaten. Andere Konzepte schlagen deswegen vor, Sinti und Roma als transnationale Minderheit in Europa anzuerkennen. Dagegen gibt es aber innerhalb der heterogenen Roma-Gruppierungen Bestrebungen, eine Art nationale Identität aller Roma auf europäischer Basis zu entwickeln (Heun 2011).

wurden beispielsweise die bestehenden Kinderschutzbestimmungen reformiert und Anstrengungen unternommen, um die Dauer von Gerichtsverfahren zu verkürzen[2].

Aber noch immer stehen die EU – und vor allem ihre Mitgliedsstaaten – vor zentralen Herausforderungen. Die Bekämpfung von menschenfeindlichen Politiken und Aktivitäten sowie die Gleichbehandlung und Antidiskriminierung bleiben daher auch künftig zentrale Anliegen gesellschaftlicher Auseinandersetzung. Die EU und ihre Mitgliedsstaaten müssen insbesondere darauf achten, dass auch die gegenwärtige Konjunkturschwäche nicht zu einer Gefährdung der Grundrechte in der EU führt. *„Gerade jetzt, in wirtschaftlich schwierigen Zeiten, muss die EU sicherstellen, dass beim Schutz der Grundrechte keine Abstriche gemacht werden. Es besteht kein Grund zur Selbstgefälligkeit"*, erklärte beispielsweise die Vorsitzende des FRA-Verwaltungsrats, Ilze Brands Kehris[3].

Den öffentlichen Berichterstattungen, wissenschaftlichen Studien und zuletzt auch dem Bericht der EU-Grundrechteagentur (2012) sind diverse Bereiche zu entnehmen, in denen Grundrechte in eklatanter Weise in einzelnen Mitgliedsstaaten verletzt werden. Die größte Aufmerksamkeit wurde 2011 der Schließung der innereuropäischen Grenzen, beispielsweise durch Dänemark, zuteil. Die in der Folge des Arabischen Frühlings nach Europa gelangten Flüchtlinge aus Nordafrika führten zu diversen Überreaktionen, wie verschärfte ethnisch-

---

[2] Jahresbericht der Agentur der Europäischen Union für Grundrechte (FRA) 2011: 2, abrufbar unter: http://fra.europa.eu/de/publications-and-resources/publications

[3] Pressemitteilung zum FRA-Jahresbericht 2011 vom 21. Juni 2012

zentrierte Grenzkontrollen an den Schengen-Grenzen. Auch die Überstellung von AsylbewerberInnen im Rahmen der Dublin II-Verordnung stehen in der Kritik (zum Beispiel nach Ungarn), entsprechende Beschwerden liegen dem Europäischen Gerichtshof für Menschenrechte (EGMR) und dem Europäischen Gerichtshof (EuGH) vor. Darüber hinaus müssen in einzelnen Mitgliedstaaten – wie Italien, Spanien, Malta und Griechenland – Mängel bei Asylverfahren, wie das Fehlen wirksamer Rechtsbehelfe, und inhumane Verhältnisse in Flüchtlingsunterkünften festgestellt werden[4].

Der zehnte Jahrestag des 11.September 2001 führte noch einmal zu einer intensiven Debatte über die Auswirkungen von verstärkten Sicherheitsvorkehrungen. Fragen nach der Legitimität von Eingriffen in die Privatsphäre auf Verdacht, Vorratsdatenspeicherung, Fluggastdatenspeicherung sowie der Einsatz von Ganzkörperscannern stehen im Zentrum öffentlicher und parlamentarischer Debatten. Insbesondere die Inhaftierungspraxis von sog. „Gefährdern" ohne Gerichtsverfahren und Anwaltsvertretung haben zu heftiger Kritik geführt[5]. Im Rahmen der sog. Antiterrormaßnahmen verletzten europäische Staaten Grund- und Menschenrechte von in Verdacht geratenen Menschen. „So ist es in Spanien erlaubt, Terrorverdächtige bis zu 13 Tage an einem geheimen Ort zu inhaftieren. In Frankreich sorgte eine Reform der Regelungen für die Behandlung von Personen in Polizeigewahrsam dafür, dass Terrorverdächtige ohne die Anwesenheit eines Rechtsbeistands verhört werden dürfen und ihr Zugang zu einem Anwalt bis zu 72 Stunden eingeschränkt werden kann. In Groß-

---

[4] FRA-Jahresbericht 2011: 3
[5] Human Rights Watch World Report 2011

britannien wurden Gesetzentwürfe, die die Dauer der Untersuchungshaft und den Einsatz sogenannter Control Orders für Terrorverdächtige einschränken sollten, durch Regelungen untergraben, die in Notfällen eine Wiederherstellung der alten Befugnisse erlauben".[6]
Zudem steht Europa im Bereich Rassismus und ethnische Diskriminierung vor drängenden Herausforderungen. Rassistisch motivierte Morde in Frankreich, Deutschland, Norwegen, Spanien und Ungarn zeigen auf beängstigende Weise, wie tief Rassismus, Antisemitismus, Antiziganismus, ethnische Diskriminierung und Intoleranz in europäischen Gesellschaften (wieder) verankert sind. Intensiv verbreitet und alltäglich sind laut FRA-Bericht gewaltsame „Zusammenstöße zwischen Einheimischen und Asylbewerbern" sowie „Gewalt gegen Roma in zumindest vier EU-Mitgliedsstaaten."[7] Die Agentur für Grundrechte identifiziert noch viele offene

---

[6] Pressemitteilung von Human Rights Watch, 22.1.12. Verwiesen sei auch auf folgende Studien: Albers, Marion/ Weinzierl, Ruth (2010): Menschenrechtliche Standards in der Sicherheitspolitik: Beiträge zur rechtsstaatsorientierten Evaluierung von Sicherheitsgesetzen. Finke, Daniel/ König, Thoams (2011): „European Legislative Responses to International Terrorism ." Maurer, Andreas/ Parkes, Roderick (2007): Britische Anti-Terror-Politik und die Internationalisierung der Inneren Sicherheit. Stiftung Wissenschaft und Politik -SWP- Deutsches Institut für Internationale Politik und Sicherheit. Oehmichen, Anna (2010): Terrorism and anti-terror legislation: the terrorised legislator? A comparison of counter-terrorism legislation and its implications on human rights in the legal systems of the United Kingdom, Spain, Germany and France. School of Human Rights Research Series ; 34. Rykkja, Lise/ Lægreid, Per/ Fimreite, Anne (2011): Attitudes towards anti-terror measures: the role of trust, political orientation and civil liberties support. Critical Studies on Terrorism. Zeh, Juli/ Trojanow, Ilija (2010): Angriff auf die Freiheit.
[7] FRA-Jahresbericht 2011:5

Problemfelder, die in den Mitgliedsstaaten verstärkt behandelt und in denen gezielte Maßnahmen ergriffen werden müssen, um die Verletzung von Grundrechten spezifischer Gruppen zu verhindern oder zu ahnden:

Datenschutz: Zu häufig werden Persönlichkeitsrechte verletzt, wenn es darum geht, die innere Sicherheit zu schützen. Deshalb soll ein ausgewogeneres Verhältnis zwischen Verpflichtungen zum Schutz der Grundrechte einerseits und Sicherheitsüberlegungen andererseits geschaffen werden.

Anti-Diskriminierung von Roma: Nicht erst die Abschiebung von Roma aus Frankreich hat den Fokus auf Diskriminierungserfahrungen von Roma in unterschiedlichen europäischen Ländern gelenkt. Besonders in Ungarn befinden sich Roma in mehr als prekären Lebenslagen und sind tagtäglich antiziganistischen Äußerungen und Handlungen ausgesetzt. Deshalb sind die Mitgliedsstaaten aufgerufen, nationale Strategien zur Integration und Förderung der Roma einerseits und zur Bekämpfung von rassistischem Antiziganismus andererseits zu entwickeln.

Irreguläre MigrantInnen: Menschen ohne Aufenthaltstitel sind europaweit von grundlegenden Rechten ausgenommen. Die Beseitigung rechtlicher und praktischer Hindernisse, die MigrantInnen in einer irregulären Situation den Zugang zu den grundlegendsten Menschenrechten versperren, steht deshalb im Fokus der Grundrechteagentur.

Mehrfachdiskriminierung: Die wenigsten Menschen werden „nur" wegen eines Merkmals Opfer von struktureller Diskriminierung. Die Anerkennung von Mehrfachdiskriminierungen wird deshalb von EU-Einrichtungen, nationalen Gerichten und Gleichbehandlungsstellen erwartet.

Weitere zentrale Themen des Jahresberichtes, in denen dringender Handlungsbedarf gesehen wird, sind: Asyl und Grenzkontrollen, Rechte des Kindes, Gleichbehandlung und Nichtdiskriminierung, Rassismus und ethnische Diskriminierung sowie Zugang zu einer effizienten und unabhängigen Justiz und Rechte der Opfer von Straftaten.
Werden der Europäischen Union – im Vergleich zu nationalstaatlichen politischen Systemen – häufig Demokratie- und Legitimationsdefizite unterstellt, so ist in Fragen des Schutzes von Grundrechten festzustellen, dass die supranationalen Normen und Bemühungen weit über die der Mitgliedsstaaten hinausreichen. Sowohl die Grundrechtecharta selbst als auch die Bemühungen um den Schutz von Grundrechten in Form von spezifischen Programmen und Initiativen gehen weit über die meisten national festgeschriebenen Grundrechte und deren praktischer Einhaltung hinaus. Deshalb sind es auch die nationalen Praxen, die im vorliegenden Band im Mittelpunkt stehen.

Alexander Hauschild thematisiert das europäische Recht auf Freiheit und Sicherheit im Zusammenhang mit der Lebenssituation der in *Ungarn* lebenden Roma. Er zeigt auf, inwiefern der scheinbare Konflikt zwischen Freiheit und Sicherheit sich aus der Beziehung zwischen Freiheit und Gleichheit ergibt.

Nina Alef setzt sich kritisch mit der Frage auseinander, wer in *Deutschland* vom Recht auf Eheschließung aus welchen Gründen ausgenommen ist. Anhand der Legalisierung von Eingetragenen Partnerschaften zeichnet sie den schwierigen Weg zur Gleichbehandlung von hetero- und homosexuellen Beziehungen nach.

Zum Thema Religionsfreiheit arbeitet *Zlatka Charkarova* aus bulgarischer Sicht und fragt danach, wieso *Bulgarien* der EU beitreten durfte, obwohl es im Jahr des Beitritts vom Europäischen Gerichtshof für Menschenrechte aufgrund der Verletzung der Religionsfreiheit verurteilt worden ist.

Der Artikel 14 *„Recht auf Bildung"* hat viele Studierende beschäftigt. Deshalb fragt *Sophie Bose* in ihrem Beitrag danach, wie es zu erklären ist, dass trotz des Rechts auf Bildung in *Deutschland* derzeit etwa 34.000 Kindern und Jugendlichen der Schulbesuch versagt bleibt. Wie das Recht auf Bildung in *Spanien* in Bezug auf gesellschaftliche Minderheiten wie den Roma umgesetzt und genutzt wird untersucht *Jana Pittelkow*. So stellt sie fest, dass es erhebliche Defizite im Schulbesuch von Roma an spanischen Schulen gibt, insbesondere Mädchen nehmen zu wenig am Unterricht teil, was allerdings nicht mit strukturellen Hemmnissen zu erklären sei.

Mit Artikel 15 *„Berufsfreiheit"* setzt sich *Dorothea Oelfke* in ihrem Beitrag auseinander. Anhand zweier aktueller Fälle zeigt sie Beschränkungen der Berufsausübung auf, begründet und legitimiert durch einerseits den sog. „Dritten Weg" bei kirchlichen Trägern und andererseits durch den Ausschluss vom Öffentlichen Dienst bei bestimmten Parteizugehörigkeiten.

Inwieweit das *Recht auf Asyl* (Art. 18) gewährt wird, thematisiert *Christoph Wieboldt* in seinem Beitrag. Anhand der Berichterstattungen zu den Fluchtbewegungen nach Europa in Folge des Arabischen Frühlings setzt er sich kritisch mit der Frage auseinander, ob die europäischen Gesellschaften ihrer Verantwortung zum Flüchtlingsschutz noch gerecht werden.

Sophia Kleinmann nimmt noch einmal den Fall der unrechtmäßigen Abschiebung von Roma aus *Frankreich* in den Blick und zeichnet nach, inwieweit die französische Regierung gegen Art. 19 *„Schutz bei Ausweisung"* verstoßen hat. Dabei argumentiert sie, dass vor allem das enge Verständnis von StaatsbürgerInnenschaft in Frankreich zu Ungleichbehandlungen und als Konsequenz daraus zu Abschiebungen geführt hat.

Jakob Roßa untersucht in seinem Essay den sogenannten „Muslimtest" in *Baden-Württemberg* auf seine Vereinbarkeit mit dem Diskriminierungsverbot aufgrund der Religionszugehörigkeit. Dieser hochumstrittene Test wurde Anfang 2006 von der CDU/FDP-Koalitionsregierung eingeführt, um die Ernsthaftigkeit des im Staatsangehörigkeitsgesetz geforderten Bekenntnisses zum Grundgesetz von muslimischen AntragsstellerInnen auf die Staatsbürgerschaft zu überprüfen. Nach dem grün-roten Regierungswechsel wurde der Test im Sommer 2011 wieder abgeschafft.

Inwieweit die *Vielfalt der Kultur* in *Frankreich* geachtet wird, untersucht schließlich *Saskia Tanja Petersen* in ihrem Beitrag. Im Fokus ihrer Untersuchung steht die Frage, inwieweit es der baskischen Minderheit in Frankreich möglich ist, die eigene Kultur und vor allem die eigene Sprache zu pflegen.

Im dritten Teil des vorliegenden Bands werden Perspektiven und Notwendigkeiten diskutiert, die denkbar sind, um dem Ziel eines ungeteilten Rechts auf Rechte – unabhängig von Herkunft und Staatsangehörigkeit – näher zu kommen. Hierfür wird zunächst der europäische Binnenblick erweitert um die Sichtweisen auf Europa durch „die Anderen". *Fabian Schrader* zeigt in seinem Beitrag, welche Herausforderungen europäische Gesellschaften noch zu bewältigen haben, wenn postkoloniale Forschungsansätze und WissenschaftlerInnen berücksichtigt werden. Als größte Herausforderung darf hier die Selbstreflexion europäischer Traditionen gelten. Welche Perspektiven und Aufgaben sich unter Einbeziehung dieser Sichtweisen für die Zukunft Europas ergeben, diskutieren abschließend noch einmal *Lena Graser und Henrike Müller*. Dabei verleiben die beiden Autorinnen nicht in gegenwärtigen Sachzwängen europäischer Politik verhaftet, sondern stellen bewusst als provokant zu bezeichnende Gedanken und Konsequenzen zur Diskussion.

Grundrechte in der Praxis der EU-Mitgliedsstaaten

Artikel 6: Recht auf Freiheit & Sicherheit
Frei und sicher in Ungarn?

Alexander Hauschild

> *"Ohne Sicherheit vermag der Mensch weder seine Kräfte auszubilden noch die Frucht derselben zu genießen; denn ohne Sicherheit ist keine Freiheit."*
> (Wilhelm von Humboldt)

Der vorliegende Beitrag thematisiert Artikel 6 (Kap. II) der Grundrechtecharta der Europäischen Union, welcher jeder/m UnionsbürgerIn das Recht auf Freiheit und Sicherheit zugesteht im Kontext der Lebenssituation der ungarischen Roma. In diesem Rahmen soll aufgezeigt werden, dass weder der Begriff oder Zustand der "Freiheit" ohne eine ihm widersprechende Form der Unfreiheit zu denken, noch irgendein Streben nach "Sicherheit" ohne eine empfundene zumindest potentielle Bedrohung zu erklären ist. Entscheidend wird diesbezüglich nicht nur sein, nachzuzeichnen, unter welchen Umständen die Konstruktion des Begriffes "Minderheit" erfolgte – denn auch sie ist ohne eine sie erst konstituierende "Mehrheit" nicht zu denken –, sondern auch darauf einzugehen, inwiefern sich der scheinbare Konflikt zwischen Freiheit und Sicherheit sich aus der Beziehung zwischen Freiheit und Gleichheit ergibt.

Die aus der Französischen Revolution resultierende "Erklärung der Menschen- und Bürgerrechte", die seitdem die Verfassungen europäischer Staaten entscheidend prägte, erschuf ein Nationenverständnis, das die Mitglieder der französischen Nation als frei und gleich an Rechten und Pflichten begriff und begründete somit die Nation als "Abst*i*mmungsgemeinschaft". Die Ideale der französischen Revolution hatten also nicht nur normativen, sondern auch integrativen Charakter. Dies ist deshalb erwähnenswert, da die Konstitution von "ethnischen Minderheiten", als welche die ungarischen Roma bis heute wahrgenommen werden, als Verbindung des oben genannten Nationsverständnisses mit dem einer Nation als "Abst*a*mmungsgemeinschaft" einherging.

In einem Staat nach dem Vorbild einer repräsentativen Demokratie ergeben sich durch Wahlen nahezu zwangsläufig Mehr- und Minderheiten im Parlament, die sich bezüglich der von ihnen vertretenen politischen Positionen unterscheiden. Diese Mehr- und Minderheiten spiegeln idealerweise die zahlenmäßige Verteilung innerhalb der Bevölkerung vertretener politischer Positionen wider. Da die BürgerInnen eines solchen Staates aber frei und gleich an Rechten sind, darf die gebildete Regierung ihre Mehrheit nur soweit nutzen, um ihre politischen Ideen zu verwirklichen, wie sie die Freiheit und Gleichheit der zahlenmäßigen Minderheit der Bevölkerung, die ihre politischen Positionen nicht teilt, nicht beschneidet. Nach dem Ersten Weltkrieg ergab sich in Folge der für Ostmittel- und Osteuropa neu festgelegten Staatsgrenzen aber die Situation, dass in den dort neu gegründeten demokratischen Staaten "ethnische Minderheiten" lebten, denn das in dieser Region vorherrschende Nationsverständnis war ein ethnozentriertes. Die Mitglieder der verschiedenen Ethnien verstanden sich also keineswegs als "gleich", denn im Gegensatz zur "Abstimmungsgemeinschaft", deren Integrationsangebot die Bürgerrechte waren, bot ihnen die ethnisch definierte Nation einen Identifikationsrahmen. Die ethnisch definierten Bevölkerungsgruppen wurden scheinbar als (zumindest bezüglich ihrer Interessen) "ungleiche" Entitäten wahrgenommen, denn der Begriff "Minderheit" erklärt sich aus der demokratischen Praxis. Vermutlich gingen die Diplomaten der Pariser Friedenskonferenz davon aus, dass die innerhalb einer Titularnation lebenden "Ethnien" geschlossen, also gemäß ihrer Nationalität abstimmen würden. Da gewisse "Ethnien" anderen aber zahlenmäßig unterlegen waren, würden ihre Interessen folglich keine Berücksichtigung gefunden haben und eventueller Unterdrückung oder Zwangsassimilierung im Zuge eines strengen Ethnonationalismus musste vorgebeugt werden.

Deshalb wurde der "Minderheitenschutz" im Versailler System verankert, der den "ethnischen Minderheiten" neben der "politischen" Gleichberechtigung gegenüber den Angehörigen der Staatsnation, dem "Selbstbestimmungsrecht der Völker" Folge leistend, auch das Recht auf kulturelle und religiöse Autonomie zusicherte. Neben rechtlicher Gleichheit wurde ihnen also faktisch das Recht auf "Unterschiedlichkeit" gewährt. Es herrschte folglich formale Gleichheit unter den Bürgern der Titularnation, welche sich aber gemäß ihrer nationalen Zugehörigkeiten als ungleich wahrnahmen. Da eine Nation aber nur in Abgrenzung zu (mindestens) einer anderen konstruiert werden kann, verstärkte ein solches Nebeneinander von sich als "ungleich" wahrnehmenden Angehörigen verschiedener Nationen, die erzwungenermaßen vor dem Gesetz "gleich gemacht" wurden, lediglich die Identifikation mit der "eigenen" Nation und auch sogenannte In-betweens erlagen größtenteils dem "Zwang zur

Eindeutigkeit". Das Recht zum "Anderssein" bewirkte letztendlich, dass weniger Wert auf Gemeinsamkeit(en) als auf Unterschiedlichkeit(en) gelegt wurde. Innerhalb gemeinsamer territorialer Grenzen, die im demokratischen Sinne die "Gleichheit" aller in diesen Grenzen Lebenden festlegten, wurden weitere gezogen, die diese Gleichheit unterwanderten.

"Jede Person hat das Recht auf Freiheit und Sicherheit." (Kap. II, Art. 6. Grundrechtecharta der Europäischen Union) Es scheint als seien "Freiheit" und "Sicherheit" einander gleichsam Widerspruch und notwendige Bedingung; allerdings nur solange sie in ihrer totalen Ausprägung für jedes Individuum verstanden werden. "Freiheit" kann sowohl als Freiheit zum Denken und Handeln als auch als Freiheit von Handlungen Anderer verstanden werden. Ersteres beträfe auch einen Menschen, der sich alleine in der Welt befände. Letzteres hingegen ist nur in Beziehung zu anderen zu verstehen. Freiheit ist also ein intersubjektiver Zustand, der nur in Wechselwirkung mindestens zweier Subjekte gedacht werden kann[1]. Betrachten wir nun die totale Ausprägung der Freiheit, so würde die für alle Menschen uneingeschränkt gültige Freiheit des Handelns automatisch zu ihrer Negation führen. Sie ist unmöglich, denn gesetzt dem Falle, alle Menschen wären von Geburt an gleich frei, würden einige unter ihnen ihre Freiheit dazu nutzen, die Freiheit Anderer zu beschneiden; denn mögen die Menschen auch alle "gleich frei" sein, sie sind von Geburt an ungleich.

---

[1] Der Verfasser verzichtet darauf, an dieser Stelle auf nicht durch Menschen verursachte Phänomene einzugehen, die in gewisser Weise auch die individuelle Freiheit beeinträchtigen können.

Freiheit bedeutet aber auch Freiheit von Angst. Staatlich garantierte Sicherheit hat zum Ziel, ihnen diese Angst zu nehmen, indem sie realen Bedrohungen entgegenwirkt und damit ihre Freiheit wahrt, beschränkt aber gleichzeitig die Freiheit derer, die sie dazu nutzen könnten, zu ihrem Vorteil gewaltsam die Freiheit Anderer zu beschneiden. Sicherheit schafft also erst "gleiche" Freiheit für alle und beschneidet sie gleichsam bis zu einem gewissen Grade. Auch ist die staatliche Exekutive durch ihr Gewaltmonopol in der Ausübung ihrer Freiheit weniger beschränkt als die BürgerInnen, doch sorgt sie so idealerweise dafür, dass Sicherheit für alle in gleichem Maße gewährleistet wird und sich einzelne BürgerInnen nicht die Freiheit nehmen, gewaltsam für ihre eigene Sicherheit zu sorgen, was die Einschränkung der Freiheit der Anderen zur Folge hätte. Ziel sollte also sein, die optimale Balance zwischen Freiheit und Sicherheit für alle BürgerInnen zu erreichen. Diese Balance scheint in Ungarn allerdings keine mehr zu sein, obwohl auch die ungarische Verfassung das "Recht auf Freiheit und persönliche Sicherheit" (Art. IV, Abs. 1) garantiert. Auffällig ist in diesem Fall, dass Teile der Mehrheitsbevölkerung ihr Recht auf Freiheit und Sicherheit zu Lasten der ungarischen Roma auslegen, die dieses Recht im gleichen Maße betreffen sollte.

Nachfolgend wird diese Situation aufgegriffen und exemplarisch aufgezeigt, inwiefern das Recht der ungarischen Roma auf Freiheit und Sicherheit bis heute verletzt wird. Ein Leben in Furcht ist keines in Freiheit. Wenn Freiheit und Sicherheit für alle StaatsbürgerInnen gleichermaßen gültig sein sollen, so muss dieser Anspruch wechselseitig und nicht nur in eine Richtung verstanden werden, da aus Grundrechten anderenfalls Privilegien werden und somit ihre universelle Gültigkeit aufgehoben wird.

Mindestens 700.000 Roma leben in Ungarn und stellen damit circa 7,5 Prozent der Gesamtbevölkerung. Doch trotz ihrer zahlenmäßigen Größe sind sie als Minderheit sozial marginalisiert, leben zu großen Teilen in bitterer Armut und sehen sich Diskriminierungen seitens der Mehrheitsgesellschaft ausgesetzt. Ihre Situation ist so dramatisch, dass Ende Mai 2011 sogar ein Sonderberichterstatter der Vereinten Nationen in Budapest weilte, um mit der Regierung über die Lage der ungarischen Roma und den gegen sie gerichteten Rassismus zu sprechen. Ein mindestens latenter Antiziganismus scheint in großen Teilen der ungarischen Bevölkerung vorherrschend zu sein, welche ihre Zugehörigkeit zur ungarischen Nation explizit in Abgrenzung zu den in Ungarn lebenden Roma empfinden. Zwischen der ungarischen Mehrheitsbevölkerung und der Minderheit der Roma hat sich ein tiefer Graben verfestigt. Integrationsbemühungen sind meist Einzelerscheinungen, die von einigen LokalpolitikerInnen oder SchulleiterInnen betrieben werden und es sind keine Versuche (weder in den Medien, noch im Schulunterricht) erkennbar, das Wissen der Mehrheitsbevölkerung über die Roma zu mehren und so antiziganistischen Stereotypen entgegenzuwirken. Das Denken der Mehrheitsbevölkerung über die Roma ist immer noch von traditionellen Vorurteilen bestimmt: „In der Vorstellungswelt der Mehrheitsbevölkerung existiert [...] das Klischee einer Zigeunerkultur, deren Quintessenz der wehmütig süßlich spielende Geiger ist" (Magyar 2011:268).

Diese Vorurteile paaren sich – wie so oft - mit einem erstaunlich hohen Grad an Uninformiertheit über die Roma: „So wissen die wenigsten Ungarn, dass die als homogene Gruppe erscheinenden Roma tatsächlich drei verschiedenen Gemeinschaften angehören, deren Mitglieder sich keineswegs als gleiche wahrnehmen" (Magyar 2011:269). Der in Teilen der ungarischen Bevölkerung empfundene Antiziganismus manifestierte sich 2010 im Wahlerfolg (16,7 Prozent der Stimmen) der rechtsextremen Partei Jobbik Magyarországért Mozgalom, was so viel wie „Bewegung für ein besseres" beziehungsweise "rechteres Ungarn" bedeutet, da Jobbik im Ungarischen sowohl "besser" als auch "rechter" bedeuten kann. Jobbik thematisierte die in Ungarn verbreitete Kleinkriminalität und beschuldigte die Roma, allein für sie verantwortlich zu sein. Damit führte Jobbik den Begriff der "Zigeunerkriminalität" in den öffentlichen Gebrauch ein. Seitdem mobilisiert Jobbik mit "primitiven Losungen" gegen die in Ungarn lebenden Roma, worin einige WählerInnen „das mutige Ansprechen der vermeintlichen Wahrheit" (Magyar 2011:267) sehen. „Die Partei betrachtet alle kriminellen Erscheinungen der Zigeuner (sic!) als einen kollektiven, gegen die ungarische Nation gerichteten Akt." (Ungváry 2011:285) Und obwohl sich das sozialistische und das liberale Lager um politische Korrektheit bemühen, hat der von Jobbik geprägte Begriff der "Zigeunerkriminalität" Einzug in den öffentlichen Sprachgebrauch gefunden, was sich auch im Denken der Bevölkerung widerspiegelt, wie eine Untersuchung des "Ungarischen Progressiven Instituts" aus dem Jahr 2009 zeigt: "Nach Auffassung der überwiegenden Mehrheit der Bevölkerung gibt es eine spezifische 'Zigeunerkriminalität', die mit besonderen strafrechtlichen Sanktionen belegt werden sollte" (zitiert nach Magyar 2011:268). Auch weitere Ergebnisse dieser Untersuchung belegen, wie stark der Antiziganismus in der ungarischen Gesellschaft verankert ist. So zeigten sich fast vier Fünftel der ungarischen Bevölkerung mit offen antiziganistischen Aussagen einverstanden. 81 Prozent hielten eine Zwangsassimilierung der "Zigeuner" für richtig und bestritten das Recht der Roma auf eine eigene Kultur als Minderheit. 80 Prozent der Befragten erklärten, persönlich nichts zur Verbesserung des „Verhältnisses zwischen Zigeunern und Nichtzigeunern" tun zu können, denn das sei "Sache der Zigeuner" (ebd.).

Die meisten der Befragten sahen in der wachsenden Romabevölkerung gar eine "Bedrohung" und "Gefährdung der Sicherheit der Gesellschaft" (Magyar 2011:268). Die Mehrheitsbevölkerung konstituiert sich bewusst in Abgrenzung zur ethnischen Minderheit und sieht ihr Recht auf Freiheit und Sicherheit, das eigentlich für Mehrheit sowie für Minderheit gelten sollte, von letzterer bedroht. Diese Wahrnehmung, die glücklicherweise nicht von der gesamten ungarischen Gesellschaft geteilt wird, erklärt auch, warum das Phänomen der Bürgerwehren in Ungarn seit einigen Jahren verstärkt zu beobachten ist. Gruppierungen wie Vederö (Schutzmacht) oder die inzwischen verbotene Magyar Gárda (Ungarische Garde) organisier(t)en Aufmärsche in vorrangig von Roma bewohnten Gemeinden, um die vermeintlich von ihnen bedrohten "echten" Magyarinnen und Magyaren zu beschützen und verbreiteten Angst und Schrecken unter den Roma. Häufig kam es zu gewalttätigen Auseinandersetzungen. Hier zeigt sich deutlich die problematische Beziehung zwischen Freiheit und Sicherheit: Unter Berufung auf das Recht auf Freiheit und

Sicherheit der ungarischen Mehrheitsbevölkerung ziehen die Bürgerwehren aus, um die Freiheit und Sicherheit der ungarischen Roma zu verletzen. Dies wurde in Ungarn, dessen Gesetzeslage gegenüber solcherlei Gruppierungen recht liberal ist, durchaus als Problem wahrgenommen.
Die Magyar Gárda zum Beispiel wurde nach mehreren Verfahren am 2. Juni 2009 durch eine rechtskräftige Entscheidung des Budapester Bundesgerichtshofes verboten, da die "Aktivitäten der Garde die einer Vereinigung im Sinne des Vereinsgesetzes übertreten und die bürgerlichen Freiheiten der Roma beeinträchtigt haben" (zitiert nach: Barlai/Hartleb 2011:413). Rund einen Monat später, am 11. Juli 2009, wurde die Magyar Gárda aber trotz ihres Verbotes als Új Magyar Gárda Mozgalom ("Neue Ungarische Garde Bewegung") "wiederbelebt" und nahm ihre "Tätigkeiten" wieder auf. Die Freiheit und Sicherheit der ungarischen Roma wird allerdings nicht nur durch die Bürgerwehren bedroht, wie die erschreckenden Ergebnisse eines Berichtes des "European Roma Rights Centre" belegen, welcher die zwischen Januar 2008 und Juli 2011 auf ungarische Roma verübten Angriffe auflistet. Das Resultat der Anschläge auf ungarische Roma innerhalb dieser Zeitperiode waren neben Sachbeschädigungen in großem Umfang neun Ermordete und Dutzende Verletzte - davon zehn lebensgefährlich. Es wurden Schüsse abgefeuert, Molotowcocktails und sogar Handgranaten eingesetzt. Die Angriffe wurden gezielt auf Roma verübt, doch nur in den wenigsten Fällen war offiziell von rassistisch motivierten Straftaten die Rede.
Die bisherigen Ausführungen zeigen, dass der heutige Nationalstaat nicht als "Abstammungsgemeinschaft",

sondern nur als "Abstimmungsgemeinschaft" verstanden werden sollte. Es sollte kein Wert auf die vermeintliche Unterschiedlichkeit konstruierter Gruppen gelegt werden, denn die Gemeinsamkeit aller Menschen ist gerade ihre Unterschiedlichkeit. Diese Unterschiede bestehen zwischen Angehörigen von Nation A wie zwischen Angehörigen der Nationen A und B in gleichem Maße. Entscheidend ist, wie diese Unterschiede instrumentalisiert werden. Erst eine auf Integration angelegte, selektive Berücksichtigung gewisser Unterschiede schafft vermeintliche Gemeinsamkeit. Doch das demokratische Gleichheitsprinzip bedeutet die Nichtberücksichtigung der Unterschiede zwischen den Menschen, ohne diese vollends aufheben zu wollen. Das Gleichheitsprinzip setzt aber auch voraus, dass die in einem demokratischen Staat lebende Bevölkerung als Entität, und nicht als aus mehreren Entitäten bestehend, verstanden wird.

Das Recht auf Freiheit und Sicherheit darf nicht gegen einen ethnisch definierten Teil der Bevölkerung ausgelegt, sondern muss als intersubjektiv bewahrter Zustand einer Gesamtheit verstanden werden. Ein Angriff auf die Freiheit und Sicherheit der ungarischen Roma muss gemäß der ungarischen Verfassung als Angriff auf die Freiheit und Sicherheit aller ungarischen BürgerInnen und gemäß der Grundrechtecharta der Europäischen Union gleichsam als Angriff auf die Freiheit und Sicherheit aller UnionsbürgerInnen verstanden werden. Wenn die Europäische Union es mit der Grundrechtecharta ernst meint, so muss sie dafür Sorge tragen, dass die universell gültigen Grundrechte auch als solche gehandhabt werden.

Ein ethnisierter Konflikt zwischen magyarischer und Roma-Bevölkerung, wie ihn Jobbik in Ungarn heraufzubeschwören sucht und dessen Eskalation die endgültige Aufhebung des Rechtes der ungarischen Roma auf Freiheit und Sicherheit bedeuten würde, muss als ein Angriff auf das Universalitätsprinzip der Grundrechtecharta der Europäischen Union aufgefasst und entsprechend bekämpft werden.

Referenzen
Barlai, Melanie/ Hartleb, Florian (2011): Extremismus in Ungarn, in: Jesse, Eckhard (Hrsg.): Extremismus in den EU-Staaten. Wiesbaden: VS Verlag für Sozialwissenschaften, 413 – 428

European Roma Rights Centre (2011): Attacks against Roma in Hungary: January 2008 - July 2011: abrufbar unter: http://www.errc.org

European Roma Rights Centre (2012): New Police Instruction in Hungary May Violate Rights for Roma: abrufbar unter: http://www.errc.org

Frankfurter Allgemeine Zeitung Online (2012): Ungarn und die europäischen Grundrechte-Civis Europaeus sum!: abrufbar unter: http://www.faz.net

Magyar, Kornelia (2011): Elend – Roma in Ungarn, in: Sapper, Manfred/ Weichsel, Volker (Hrsg.): Quo vadis, Hungaria? Kritik der ungarischen Vernunft. osteuropa 61. Jahrgang/ Heft 12/ Dezember 2011. Berlin: BWV Berliner Wissenschafts- Verlag, S. 265 – 272

Menke, Christoph/ Raimondi, Francesca (Hrsg.) (2011): Die Revolution der Menschenrechte – Grundlegende Texte zu einem neuen Begriff des Politischen. Berlin: Suhrkamp Verlag

Sachße, Christoph (1990): Freiheit, Gleichheit, Sicherheit: Grundwerke im Konflikt, in: Engelhardt, H./ Tristram/ Sachße, Christoph (Hrsg.): Sicherheit und Freiheit: zur Ethik des Wohlfahrtsstaates. Frankfurt am Main: Suhrkamp Verlag, S. 9 – 27

Ungváry, Krisztián (2011): "Lager und Fahne sind eins" – Fatale Traditionen in Ungarns Erinnerungskultur, in: Sapper, Manfred/ Weichsel, Volker (Hrsg.): Quo vadis, Hungaria? Kritik der ungarischen Vernunft. osteuropa 61. Jahrgang/ Heft 12/ Dezember 2011. Berlin: BWV Berliner Wissenschafts- Verlag, S. 281 - 301

Artikel 9: Recht auf Ehe und Familie
Abhängig von der Sexualität in Deutschland?

Nina Alef

In der EU hat der Minderheitenschutz eine wichtige Stellung und alle EU-Staaten sind sich darüber einig, dass die Stellung von Minderheiten in einer Gesellschaft der Gradmesser für das Ausmaß an Demokratie und Freiheit ist (Knab 2005). Trotzdem erfahren verschiedene Minoritäten in der EU weiterhin Diskriminierung. Laut Ergebnissen der EU-Agentur für Grundrechte (FRA), die in ihrer Studie aus den Jahren 2008/2009 das Thema Homsexualität und Transgender untersucht hat, werden Homosexuelle nach wie vor benachteiligt und diskriminiert. Zum einen wurde in der Studie herausgestellt, dass Homosexuelle in ihrem Recht der Gleichbehandlung in den 27 EU-Staaten sehr unterschiedlich und unzureichend geschützt sind. Zum anderen macht sie deutlich, dass Menschen, die von der heterosexuellen „Norm" abweichen, in vielen Ländern noch immer starker Diskriminierung, Gewalt und (auch sexueller) Belästigung ausgesetzt sind.[1]
Die Diskriminierung erfolgt auf verschiedenen Ebenen. Zum einen lassen sich in allen europäischen Ländern noch große Ressentiments gegenüber homosexuellen Menschen feststellen. Doch auch in der Gesetzgebung erfahren Nicht-Heterosexuelle weiterhin Nachteile. Die gesetzliche Benachteiligung findet oft auf Grund von sogenannten Normenkollisionen statt. Eine Normen-

---

[1] Informationsplattform humanrights.ch (2009): Text abrufbar unter: http://www.humanrights.ch/de/Instrumente/Nachrichten/Europarat/id art_6811-content.html (12.3.2012)

kollision bedeutet die gleichzeitige Anwendbarkeit zweier oder mehrerer inhaltlich gegensätzlicher Rechtsnormen auf denselben Sachverhalt. In diesem Fall entscheiden Gerichte über die Gesetzesauslegung und darüber, welchem Gesetz Geltungs- bzw. Anwendungsvorrang einzuräumen ist. Unterschiedliche Interessenverfolgung und das gesellschaftliche Klima sind bei der richterlichen Entscheidung zu berücksichtigen. Im Hinblick auf die rechtliche Diskriminierung Homosexueller in weiten Teilen der EU soll der Artikel 9 der Grundrechtecharta der EU näher betrachtet werden: das „Recht eine Ehe einzugehen und eine Familie zu gründen".

Den einzelnen Staaten lässt der Artikel Spielraum zur Konkretisierung dieses Rechts, so lautet es weiter: „Das Recht, eine Ehe einzugehen und das Recht, eine Familie zu gründen, werden nach den einzelstaatlichen Gesetzen gewährleistet, welche die Ausübungen dieser Rechte regeln."[2] In den einzelnen Mitgliedsstaaten wird dieses Gesetz somit unterschiedlich konkretisiert und ausgeführt.

Der Fokus wird in diesem Beitrag auf dem Recht auf Eheschließung liegen, da diese rechtlich oft die Bedingung für die Familiengründung darstellt. Brisant ist, dass das Recht auf Eheschließung in 22 von 27 Staaten der EU nicht für homosexuelle Paare gilt.[3] Unter diesen 22 Staaten befindet sich die Bundesrepublik Deutschland (vgl. Tab. 1). Die BRD wurde im Jahre 2008 sogar von der EU gerügt, da sie homosexuellen Lebensgemeinschaften nicht die gleichen Rechte wie heterosexuellen einräumt. Deutschland wurde zudem dazu aufgerufen,

---

[2] Grundrechtecharta der EU (2012): Text abrufbar unter: http://www.europarl.europa.eu/charter/pdf/text_de.pdf. (03.03.2012).
[3] https://www.peticiongay.com/de/ (03.03.2012)

aktiver für den Schutz von Minderheiten einzutreten (Euraktiv 2010).

Tab 1:
Regelungen zur Legalisierung von gleichgeschlechtlichen Beziehungen in den EU-Mitgliedsstaaten

Volle Gleichstellung	*Eingetragene Lebenspartnerschaften*	*Keine Legalisierung*
Belgien (2003), Niederlande (2001), Portugal (2010), Schweden (2009), Spanien (2005), Dänemark (2012)	Belgien, Dänemark, Deutschland, Finnland, Frankreich, Luxemburg, Niederlande, Österreich, Portugal, Slowakei, Spanien, Schweden, Tschechien, Ungarn, Vereinigtes Königreich	Estland, Griechenland, Irland, Italien, Lettland, Litauen, Malta, Polen, Rumänien, Slowenien, Zypern
6 von 27	**15 von 27**	**11 von 27**

Quelle: eigene Darstellung und http://europa.eu/youreurope/citizens/family/couple/marriage/

Dies wirft die Frage auf, wie die Konkretisierung des Artikel 9 der EU-Charta in der BRD aussieht und ob es nationale Pendants zu dem „Recht auf Eheschließung" gibt. Zunächst einmal ist festzustellen, dass sich kein nationales Äquivalent zu Artikel 9 der Grundrechtecharta im Grundgesetz (GG) finden lässt. Allerdings wird die Gleichstellung aller Menschen in Artikel 3 GG begründet. Unter Absatz 1 heißt es „Alle Menschen sind vor dem Gesetz gleich." Trotzdem sind gleichgeschlechtliche Paare in Bezug auf die Eheschließung vor dem Gesetz nicht gleichgestellt, da ihnen diese verweigert wird. Absatz 3 desselben Artikels konkretisiert den Gleichstellungsparagraphen: „Niemand darf wegen seines Geschlechtes, seiner Abstammung, seiner Rasse, seiner Sprache, seiner Heimat und Herkunft, seines Glaubens, seiner religiösen oder politischen Anschauungen benachteiligt oder bevorzugt werden. Niemand darf wegen einer Behinderung benachteiligt werden." Ein ausdrückliches Verbot der Diskriminierung aufgrund der sexuellen Identität fehlt bisher, während dieses in den Artikeln der Europäischen Grundrechtecharta oder in den Verfassungen der Bundesländer Brandenburg, Berlin, Thüringen und Bremen enthalten ist.[4] Entsprechende Interessensverbände, die sich für die rechtliche Gleichbehandlung von Lesben, Schwulen, Bisexuellen und darüber hinaus auch für trans- und intersexuelle Menschen einsetzen, fordern deshalb die Änderung des Artikel 3 Absatz 3 GG und somit auf Bundesebene.[5]

Im Bürgerlichen Gesetzbuch (BGB) sind in den §§ 1303-1305 die Bedingungen detailliert aufgeführt, nach denen eine Ehe geschlossen werden darf. Danach dürfen Minderjährige und geschäftsunfähige Personen[6] in der Regel keine Ehe eingehen. Außerdem gibt es gewisse Eheverbote. Unter § 1306 BGB heißt es: „Eine Ehe darf nicht geschlossen werden, wenn zwischen einer der Personen, die die Ehe miteinander eingehen wollen, und einer dritten Person eine Ehe oder eine Lebenspartnerschaft besteht." Des Weiteren sind Ehen zwischen Verwandten gerader Linien, vollblütigen und halbblüti-

---

[4] LV Berlin-Brandenburg (2009): Artikel 3 Grundgesetz ergänzen, Text abrufbar unter: http://www.humanistische-union.de/
[5] LSVD (Stand 2011): Eine Ergänzung des Gleichheitsartikels im Grundgesetz. Abrufbar unter: http://www.artikeldrei.de
[6] Bürgerliches Gesetzbuch §1303 ff

gen Geschwistern ausgeschlossen.[7] Im Bürgerlichen Gesetzbuch wird also weder die Heterosexualität als eine Bedingung für die Eheschließung aufgeführt, noch wird die Eheschließung gleichgeschlechtlicher Partner unter den Verboten genannt. Es stellt sich die Frage, mit welcher Begründung gleichgeschlechtliche Ehen in der BRD nicht vollständig legalisiert werden. In der Regel wird die Entscheidung, homosexuelle PartnerInnenschaften nicht vollständig zu legalisieren mit dem Artikel 6 Absatz 1 GG begründet: „Ehe und Familie stehen unter dem besonderen Schutze der staatlichen Ordnung."[8] So wurde im Jahre 2001 auf diesen Artikel verwiesen, als die drei damals unionsgeführten Länder (Bayern, Sachsen und Thüringen) gegen die Einführung der „eingetragenen Lebenspartnerschaft"[9] vor dem Bundesverfassungsgericht klagten, da sie in ihr eine Gefährdung der Sonderstellung der Ehe sahen (FAZ 2002). Der damalige bayerische Innenminister Günther Beckstein (CSU) erklärte: „Ehe und Familie stehen als Keimzelle von Staat und Gesellschaft unter dem besonderen Schutz der Verfassung und können in ihrer Bedeutung nicht hoch genug eingeschätzt werden" (ebd.). Da die Kläger nicht deutlich machen konnten, was die gleichgeschlechtliche

---

[7] Bürgerliches Gesetzbuch §1306 f.
[8] Die Grundrechte: abrufbar unter: http://www.bundestag.de
[9] Die unter der rot-grünen Koalition eingeführte „eingetragene Lebenspartnerschaft" bietet homosexuellen Paaren die Möglichkeit ihre Partnerschaft legalisieren zu lassen und soll homosexuellen Lebensgemeinschaften einen umfassenden rechtlichen Rahmen geben. Eine völlige Gleichstellung mit der Ehe sieht das Gesetz aber nicht vor. Welt Online (2002): Karlsruher Urteil: Homo-Ehe trägt kein „falsches Etikett". Text abrufbar unter: http://www.welt.de/print-welt/article400648/Karlsruher_Urteil_Homo_Ehe_traegt_kein_falsches_Etikett.html (12.03.2012)

Partnerschaft den Verheirateten eigentlich wegnimmt, bezogen sich die Kläger vor allem darauf, dass die Ehe zwischen Mann und Frau eine „wertentscheidende Grundsatznorm" sei. Der Staat habe die Aufgabe, diese als Leitbild besonders zu schützen. Laut Professor Braun, dem damaligen Bevollmächtigten Thüringens, würde der „Ehe ihre Einzigartigkeit genommen", würde man die Homo-Ehe als zweites Leitbild neben die heterosexuelle Ehe stellen. Die Konzentration der Argumentation der Kläger lag somit auf dem „Abstandsgebot". So müsse eine gleichgeschlechtliche Partnerschaft einen gebührenden „Abstand" zur Ehe einhalten, weil diese besonders geschützt sei (ebd.).

Letztlich wies das Bundesverfassungsgericht die Klage der drei Bundesländer im Sommer 2002 ab. Es begründete seine Entscheidung damit, dass das Lebenspartnerschaftsgesetz mit dem besonderen Schutz der Ehe vereinbar sei. Durch die Anerkennung der „eingetragenen Lebenspartnerschaft" würde für die Ehe kein Nachteil entstehen und ihre gesonderte Stellung sei nicht gefährdet. Laut den Bundesverfassungsrichtern bedeute der besondere Schutz der Ehe nicht, dass andere mit der Ehe in Konkurrenz stehende Gemeinschaften mit geringeren Rechten versehen seien müssten. Dem von den Klägern geforderten Abstandsgebot erfolgte somit eine Absage.[10] Die Einführung der „eingetragenen Lebenspartnerschaft" war legitim. Doch machte diese Klage deutlich, dass eine Gleichstellung der „eingetragenen

---

[10] Welt Online (2002): Karlsruher Urteil: Homo-Ehe trägt kein „falsches Etikett". Text abrufbar unter: (http://www.welt.de/print-welt/article400648/Karlsruher_Urteil_Homo_Ehe_traegt_kein_falsches_Etikett.html (12.03.2012)

Lebenspartnerschaft" oder gar die Einführung der homosexuellen Ehe vehemente Gegner hat.
Ein weiteres Argument, das auf Seiten der Gegner der homosexuellen Ehe aufgeführt wird, basiert ebenfalls auf Artikel 6 GG. Die Auslegung ist jedoch eine andere: Im Zusammenhang mit der Achtung der Ehe steht – das ist wohl der wichtigste Unterschied zwischen der Ehe und anderen Lebensgemeinschaften – die Zeugung und Erziehung von Nachwuchs. Diese sind die Garantie zum Fortbestand der Gesellschaft und deshalb von hohem staatlichen Interesse. Da die Ehe traditionell jene Institution ist, die diese Aufgabe übernimmt, kommt ihr ein besonderer Schutz zu. Doch ist gerade dieser Aspekt in der heutige Zeit in den Hintergrund getreten. Zu bedenken ist, dass dieser Aufgabe oft nicht mehr nachgekommen wird. Trotzdem genießen kinderlose Ehen die gleichen rechtlichen Privilegien wie Ehen mit Kindern (Bosinski u.a. 2001:31f). Das Argument des Schutzes der Ehe aufgrund ihrer Aufgabe, den gesellschaftlichen Nachwuchs zu bestellen, entspricht also nur noch teilweise der heutigen Realität. Die Frage kommt auf, ob nicht insbesondere die Familie an Stelle der Ehe geschützt werden sollte.
Des Weiteren bedeutet Homosexualität nicht die Abwesenheit eines Kinderwunsches. Wie bei heterosexuellen Paaren ist die homosexuelle Gemeinschaft heterogen und der Wunsch nach Kindern kann z.B. durch ein Adoptionsrecht erfüllt werden.[11] Die gemeinschaftliche

---

[11] Diverse Langzeitstudien zur Untersuchung der Entwicklung von Kindern aus gleichgeschlechtlichen Beziehungen in Bamberg und Kalifornien haben gezeigt dass es keinerlei nachteilige Entwicklung bei den "Homo-Kindern" gibt – weder hinsichtlich ihrer psychischen Entwicklung noch ihrer späteren Lebensbewältigung. Dückers Tanja (2009): Kinder brauchen keine Hetero-Eltern. Text abrufbar unter:

Adoption wird den „eingetragenen Lebenspartnern" gegenwärtig allerdings verwehrt. Lediglich die Stiefkindadoption ist ihnen erlaubt, wenn es sich um das leibliche Kind des Lebenspartners handelt (Supacua 2012). Vor diesem Hintergrund muss das Argument, dass eine homosexuelle Partnerschaft nicht die gleichen Rechte wie die der Ehe bekommen sollte, da das Aufziehen von Nachwuchs ausbleibt, zynisch erscheinen. Schließlich wird homosexuellen Paaren die Möglichkeit zur Familiengründung zum jetzigen Zeitpunkt kaum bis gar nicht ermöglicht.

Wie aufgezeigt, wird vor allem der Artikel 6 Absatz 1 GG „Der Schutz der Ehe und Familie" als Einwand gegen die Homo-Ehe benutzt. Die Verweigerung der Ehe oder zumindest der Gleichstellung der „eingetragenen Lebenspartnerschaft" mit der Ehe steht im Gegensatz zu Artikel 3 GG, wonach „alle Menschen vor dem Gesetz gleich sind". Auch im Bürgerlichen Gesetzbuch konnten sich keine Verbote für eine gleichgeschlechtliche Ehe finden. Das Bundesverfassungsgericht hat im Jahre 2002 gerade aus diesem Grunde die Klage der damals unionsgeführten Bundesländer, „eingetragene Lebenspartnerschaft" für verfassungswidrig zu erklären, abgelehnt. Im Gegenteil folgten in den nächsten Jahren Teilsiege der Homosexuellen vor Gericht und die „eingetragene Lebenspartnerschaft" wurde aufgewertet. So wurde 2009 das Erbrecht der „eingetragenen Lebenspartnerschaft" mit dem der Ehe gleichgestellt.[12] Im Jahre

---

http://www.zeit.de/online/2009/31/homosexualladoption (12.03.2012)
[12] Bundesverfassungsgerichtentscheidungen:
http://www.bverfg.de/entscheidungen/rs20090707_1bvr116407.html (12.03.2012)

2011 entschied das Finanzgericht Köln, dass das Ehegattensplitting auch für „eingetragene Partnerschaften" gelte und weckt somit Hoffnung auf die allgemeine Einführung des Ehegattensplittings für homosexuelle Paare.[13] Interessensverbände, wie beispielsweise der Lesben- und Schwulenverband (LSVD), konnten sich somit seit der Einführung der „eingetragenen Lebenspartnerschaft" im Jahre 2001 ihre weitgehende Gleichstellung mit der Ehe vor Gericht erkämpfen. Sollte die Gleichstellung im Einkommenssteuerrecht folgen, ist bis auf das gemeinSchaufläche Adoptionsrecht, die „eingetragene Lebenspartnerschaft" im Wesentlichen mit der Ehe gleichgestellt (Rampf 2012). Auf eine Eigeninitiative der jetzigen Bundesregierung kann man in diesem Fall allerdings nicht hoffen; so äußerte sich die aktuelle Familienministerin Schröder erst im Frühjahr 2012 folgendermaßen: „[...] der Begriff Ehe (werde) wohl weiterhin erst mal für eine gemischte Partnerschaft von Mann und Frau gelten." und „In Lebenspartnerschaften werden konservative Werte gelebt."[14] Es ist zu erwarten, dass auch die Gleichstellung im Einkommenssteuerrecht erst nach einem Urteil des Bundesverfassungsgerichts eingeführt werden wird. Es ist ein Manko der gegenwertigen deutschen Regierung, dass homosexuelle Paare wiederholt vor Gericht ihre Rechte einklagen müssen.[15]

---

[13] Focus online (2011): Steuer-Urteil: Ehegattensplitting auch für homosexuelle Paare. Text abrufbar unter:
http://www.focus.de/finanzen/steuern/steuer-urteil-ehegattensplitting-auch-fuer-homosexuelle-paare_aid_697881.html (12.03.2012)
[14] Bundesfamilienministerin Kristina Schröder im Interview mit der Schwäbischen Zeitung, 3.5.2012
[15] LSVD (2012): Beschluss des LSVD-Verbandstages 2012
http://lsvd.de/fileadmin/pics/Dokumente/Verbandstage/VT-2012/2012_Eheoeffnung.pdf (29.03.2012)

Dabei sind heute alle großen Parteien, außer der regierenden christlich-konservativen CDU/CSU, für die Gleichstellung der „eingetragenen Lebenspartnerschaft" mit der Ehe.[16] Auch die FDP hat in den letzten Jahren auf diesen Kurs eingeschwenkt (Rampf 2012). Die SPD hat außerdem Ende des Jahres 2011 einen Antrag auf das Recht auf Eheschließung gleichgeschlechtlicher Paare im Bundestag vorgelegt.[17] Der Fall der „Homo-Ehe" zeigt deutlich, wie stark sich noch immer christlich-fundierte Moralvorstellungen (einer parlamentarischen Minderheit) in einem modernen säkularen Staat durchzusetzen wissen.

Referenzen

Bosinski Hartmuit A.G./Paul Kirchhof/Rosemarie Nave Herz (Hrsg,) (2001): Eingetragene Lebenspartnerschaft". Rechtssicherheit für homosexuelle Paare – Angriff auf die Ehe und Familie? Verlag Friedrich Pustet, Regensburg. S 31f.

Breitbach, Elmar (2011): Lesbische Paare müssen künstliche Befruchtung weiter selbst zahlen. Text abrufbar unter: http://www.wunschkinder.net/aktuell/gesellschaft/politik/lesbische-paare-muessen-kuenstliche-befruchtung-weiter-selbst-zahlen-4480/

Dückers Tanja (2009): Kinder brauchen keine Hetero-Eltern. Text abrufbar unter:

---

[16] Zeit online (2011): Koalition Union gegen volle Gleichstellung der Homo-Ehe. Text abrufbar unter:
http://www.zeit.de/politik/deutschland/2011-08/union-fdp-homo-ehen (12.03.2012

[17] Deutscher Bundestag, Antrag der Fraktion der SPD (2011): Recht auf Eheschließung auch gleichgeschlechtlichen Paaren ermöglichen. Text abrufbar unter:
http://dipbt.bundestag.de/dip21/btd/17/081/1708155.pdf (28.03.2012)

http://www.zeit.de/online/2009/31/homosexuell-adoption (12.03.2012)

Euroactiv (2010): Diskriminierung von Homosexuellen: Deutschland soll aktiver werden
Text abrufbar unter: http://www.euractiv.com/de/soziales-europa/diskriminierung-homosexuellen-deutschland-aktiver/article-170279 (12.3.2012)

Frankfurter Allgemeine Zeitung (2002): Schwammige Argumente gegen die Homo-Ehe
Text abrufbar unter:
http://www.faz.net/aktuell/politik/verfassungsgericht-schwammige-argumente-gegen-die-homo-ehe-158467.html (11.03.2012)

Knab, Florian C. (2005): Minderheiten benötigen einen weitergehenden Schutz. Menschenrechte allein reichen nicht aus. Erschienen in: Zeitschrift Menschenrechte. Heft ½ 2005. LpB. Text abrufbar unter:
http://www.buergerimstaat.de/1_2_05/schutz.htm (12.3.2012)

Laabs Klaus (Hrsg.) (1991): Lesben. Schwule. Standesamt. Ch. Links Verlag, Berlin. S. 117

Plass, Christopher (2007): Was bringt die neue Grundrechtecharta? Ein EU-Abkommen für Jedermann
Text abrufbar unter:
http://www.tagesschau.de/ausland/grundrechtecharta2.html (11.03.2012)

Rampf, Renate (2012): Öffnung der Ehe. Vom Alltag ins Bürgerliche Gesetzbuch. Text abrufbar unter: http://www.lsvd-blog.de/?p=1470 (20.03.2012)

Schubert, Klaus/Martina Klein: Das Politiklexikon. 4., aktual. Aufl. Bonn: Dietz 2006. Text abrufbar unter: http://www.bpb.de/nachschlagen/lexika/politiklexikon/17321/demokratie (28.03.2012)

Sopacua, Nathalie (2012): Regenbogenfamilien: Bundesregierung prüft gemeinsame Adoption. Text abrufbar unter: http://www.frauenrat.de/deutsch/infopool/informationen/info

rmationdetail/article/regenbogenfamilien-bundesregierung-
prueft-gemeinsame-adoption.html (29.03.2012)

Artikel 10: Religionsfreiheit
Eine Frage des richtigen Glaubens in Bulgarien?

Zlatka Chakarova

Das Verhältnis von Religion und Politik in europäischen Gesellschaften ist immer wieder von Spannungen gekennzeichnet. In der europäischen Geschichte hat sich dieses Spannungsverhältnis als treibende Kraft für die meisten gesellschaftlichen und politischen Umwälzungen erwiesen. Die Konfessionskriege in Mitteleuropa zum Beispiel haben tiefe Spuren im kulturellen Gedächtnis Europas hinterlassen. Die Modernisierung der europäischen Gesellschaften wäre ohne die Auseinandersetzung mit den religiösen und politischen Werten und Erfahrungen und ihrer Zusammenwirkung nicht denkbar.

Auch in den aktuellen öffentlichen wie wissenschaftlichen Debatten werden Fragen nach dem Verhältnis von Religion und Politik kontrovers diskutiert. „In der politikwissenschaftlichen Literatur wird das Verhältnis von Religion und Demokratie mittlerweile vor allem im Bereich der politischen Theorie [...] und in der empirischen Demokratie- und Transformationsforschung [...] debattiert" (Werkner/ Liedhegener 2009:9). In diesen Debatten werden vor allem Gewichtung und Interdependenzen beider Merkmale diskutiert. In diesem Zusammenhang führt Michael Minkenberg den Begriff „twin tolerations" ein. Hierbei handelt es sich auf der einen Seite um die Freiheit der demokratischen Institutionen, angesichts der Verfassung und der Menschenrechte Politikinhalte hervorzubringen. Dies soll die Einflussnahme von religiösen Gemeinschaften auf staatliche Politik verhindern. Auf der anderen Seite soll ein demokratischer Staat sowohl die freie Religionsausübung im privaten Bereich garantieren als auch den Religionsgemeinschaften die Möglichkeit sichern, ihren Werten und Ideen in der Öffentlichkeit Geltung zu verleihen. Minkenberg fasst zusammen: „Das Prinzip der doppelten Tolerierung bedeutet also, dass einerseits der öffentlichen Ausübung von Religionsfreiheit Grenzen gezogen werden müssen, dass andererseits jedoch keiner Religionsgemeinschaft a priori verwehrt werden kann, sich als politische Partei zu betätigen" (Minkenberg 2006:314).

Aktuelle Studien zum Verhältnis von Politik und Religion in Europa liefern ein diffuses Bild. Bernhard Seeger (2008) stellt in seiner umfangreichen Analyse zur Säkularisierung von Staat und Politik in der Europäischen Union fest, dass die EU nicht nur ein säulares politisches System sei, sondern dass sie darüber hinaus Säkularisierungstendenzen in den EU-Mitgliedsstaaten verstärke (Seeger 2008:216). In der offiziellen Politik europäischer Institutionen ließen sich keine Rückgriffe auf offen christliche oder überhaupt religiöse Argumente finden. Und doch sei eine wachsende Bedeutung des Themas Religionspolitik seit den 1990er Jahren auf der konstitutionellen Ebene der Gründungsverträge zu beobachten. Diese wachsende Bedeutung sei aber „nicht Ausdruck einer ‚Rückkehr der Religionen in die Politik'", sondern vielmehr der Kompetenzausweitung der Europäischen Union geschuldet (Seeger 2008:215). Diese Argumentation erscheint brüchig, wenn v.a. die kontroversen langanhaltenden Auseinandersetzungen um den Gottes-Bezug im Verfassungsentwurf berücksichtigt werden. Hier war die Vorstellung, dass sich Europas Einheit und Identität vor allem aus dem Christentum speist, weit verbreitet (Schmale 2010:105). Ebenso erscheint die Prognose Seelers, die EU verstärke Säkularisierungstendenzen in spezifischen Politikfeldern, zu optimistisch ausgefallen zu sein, obwohl offensichtlich ist, wie unterschiedlich Gleichbehandlungsmaßnahmen und Antidiskriminierungspolitiken angewandt werden, insbesondere im Dienst- und Arbeitsrecht von kirchlichen Trägern (Seeger 2008:141ff).

Roßteutscher kommt - Seegers These unterstützend - in ihrer vergleichenden Studie zum Ergebnis, dass in Europa der religiöse Sektor rückständig sei, die „religiöse Vielfalt mit einem hohen Grad an Säkularisierung und der Verdrängung des Religiösen aus der zivilgesellschaftlichen Welt" einhergehe und sich deshalb jeder Versuch erübrige, „durch De-Regulierung in Europa eine Erhöhung religiöser Vielfalt und damit erhöhter religiöser Partizipation zu erzielen" (Roßteutscher 2009:414). Werden aber Forschungsergebnisse aus der Wohlfahrtsstaatsforschung berücksichtigt, ist davon auszugehen, dass religiöse Werte (wenn auch in säkularisierter Form) in soziale und sozialpolitische Programme übergegangen sind und hier eine wertevermittelnde Rolle übernehmen. Deshalb sei nach Opielka (2007:66) Säkularisierung nicht als Verlust von Religion, sondern als Transformation von Religion zu verstehen. Gerade in den europäischen Wohlfahrtsstaaten zeige sich, dass unser „Handeln und Denken noch immer von religiösen Traditionen bestimmt ist" (Roßteutscher 2009:19). In der Soziologie wird deshalb von der „impliziten Religion" und der „Resakralisierung" von westlichen Gesellschaften gesprochen (Opielka 2007:57).

Die Postulierung des säkularen Europas zeugt darüber hinaus auch von einer ausgeprägten Ignoranz gegenüber den neuen Mitgliedsstaaten. Dort haben die römischkatholische und zum Teil die orthodoxe Kirche eine starke gesellschaftliche Stellung und eine bedeutende Wirkung in öffentlichen Debatten, weil gerade die Kirchen zu Ostblockzeiten Raum und Gelegenheiten für freien Meinungsaustausch und politische Organisation zur Verfügung gestellt haben (Behr 2006:13). Die Kirchen, sowohl in den ehemaligen Ostblockstaaten als auch die protestantische Kirche in der ehemaligen DDR, haben sich angeboten, um „emotionale, intellektuelle und institutionelle Nischen" (ebd.) zu schließen. Hier ist den Kirchen in den letzten 60 Jahren eine eminent andere Rolle als den Kirchen in Westeuropa zuzuschreiben. Diese Überlegungen berücksichtigend stellt sich im europäischen Kontext für die meisten Mitgliedsstaaten vor allem die Frage nach dem Verhältnis von (christlicher) Kirche und Staat. In welcher Form dieses Verhältnis in Bulgarien ausgeprägt ist, wird nachfolgend erläutert. Bulgarien, der Europäischen Union am 01.01.2007 beigetreten, verfügt über die kleinste Bevölkerungsanzahl, diese ist aber relativ heterogen. 76% der BulgarInnen bezeichneten sich bei der letzten Volkszählung als orthodoxe ChristInnen, 10% als MuslimInnen und 14% als anders gläubig (Nationales Statistisches Institut:2011). Aufgrund dieser heterogenen Bevölkerung folgt der Staat einer multikulturellen Politik. Art. 37, Nr. 1 der bulgarischen Verfassung ist das nationale Pendant zu dem EU-Grundrecht auf Gedanken-, Gewissens- und Religionsfreiheit. Weiterhin existiert in der bulgarischen Gesetzgebung das Glaubensbekenntnisgesetz, das am 15.09.2002 nach langen und umstrittenen Debatten in Kraft getreten ist. Dieses Gesetz soll auf eine liberale und antidiskriminierende Weise alle Religionsgemeinschaften in Bulgarien schützen und die freie Ausübung der Gedanken-, Gewissens- und Religions-freiheit der BürgerInnen sichern. KritikerInnen behaupten allerdings das Gegenteil: Durch das Gesetz zum Glaubensbekenntnis sei die Trennung von Kirche und Staat nicht mehr gegeben. Während der kommunistischen Zeit Bulgariens war die Bulgarische Orthodoxe Kirche (BOK) auf den guten Willen der Regierenden angewiesen. So ist zu erklären, dass sofort nach dem Zusammenbruch des kommunistischen Regimes die 1971 erfolgte Einsetzung des Patriarchen Maxim und des Heiligen Synod[1] als politisch gesteuert und parteiabhängig und somit als nicht legitim erklärt und der Patriarch abgesetzt wurde. In der Folge sollte ein neuer Heiliger Synod zusammengesetzt werden, der ein neues Oberhaupt der BOK politisch unabhängig wählen sollte. Der Patriarch Maxim hat diese Entscheidung vor dem Obersten Gerichtshof angefochten und die Anerkennung des neuen Synod verweigert. Diese Ereignisse haben zu der Zweiteilung der BOK geführt: der alte Synod unter Patriarch Maxim und der Alternativsynod unter Innokentii (Koen/ Kanev/ Mladenova 2005:3). Beide Synoden bezeichneten sich fortan als Bulgarische Orthodoxe Kirche (BOK). Das neue Glaubensbekenntnisgesetz von 2002 sah nun allerdings in Art. 10 vor, dass sich nur eine Religionsgemeinschaft als Bulgarische Orthodoxe Kirche bezeichnen darf, nämlich der Synod unter Patriarch Maxim. Diese vom Staatsgerichtshofs bestätigte Regelung gibt den Mehrheitswillen der Bevölkerung wieder, die Mehrheit der Orthodoxen hatten sich für Maxim ausgesprochen (Koen/ Kanev/ Mladenova 2005:9). Dieser Vorgang ist in Bulgarien mit dem Argument der erneuten Staatskirchenbildung

---

[1] Der Heilige Synod ist ein ständiges Gremium an der Spitze der orthodoxen Kirchen.

kritisiert worden. Eine von 50 Abgeordneten der Demokratischen Partei Bulgariens eingereichte Klage vor dem Verfassungsgericht scheiterte aber. Die Einsetzung der alleinigen BOK unter Maxim führte dazu, dass alle Geistlichen des "Alternativsynod" ihre entsprechenden Gotteshäuser und Klöster verlassen mussten, da sie in den Besitz der BOK übergegangen waren. In der Nacht vom 21. auf den 22. Juli 2004 wurden 94 Geistliche mit Hilfe von Polizei und Staatsanwaltschaft vertrieben und ihre Aufgaben von neu eingesetzte Geistliche übernommen (Koen/ Kanev/ Mladenova 2005:14). Wegen dieser Vorfälle wurde vom Repräsentanten des „Alternativsynods" 2004 Klage beim Europäischen Gerichtshof für Menschenrechte (EGMR) wegen Verstoßes gegen Art. 9 der Europäischen Menschenrechtskonvention (EMRK) erhoben. Das Gericht entschied am 22. Januar 2009, dass das Gesetz zum Glaubensbekenntnis gegen Art. 9 verstößt und sich der bulgarische Staat nicht in innerkirchliche Angelegenheiten einmischen dürfe. Das Gesetz zum Glaubensbekenntnis ist bis heute rechtskräftig. Trotz Verurteilung durch den EGMR und trotz EU-Beitritt muss davon ausgegangen werden, dass Bulgarien gegen die in der EU-Grundrechtecharta und der EMRK garantierte Religionsfreiheit verstößt.

Referenzen
Behr, Hartmut/ Hildebrandt, Mathias (Hrsg) (2006): Politik und Religion in der Europäischen Union. Zwischen nationalen Traditionen und Europäisierung. VS Verlag
Koen, Emil/ Kanev, Krasimir/ Mladenova, Doroteya (2005): Religionsfreiheit in Bulgarien 2004. In: Spezieller Bericht von Stiftung „Toleranz" und Bulgarisches Helsinki-Komitee

für Menschenrechte 06.2005. Sofia. abrufbar unter: http://www.bghelsinki.org/media/uploads/special/religious_freedom-2005.pdf, letzter Zugriff am 14.06.2012

Minkenberg, Michael (2002): Staat und Kirche in westlichen Demokratien. In: Minkenberg, Michael/ Willems, Ulrich (Hrsg) (2002): Politik und Religion. PVS- Politische Vierteljahreszeitschrift. Sonderheft 33/2002. Wiesbaden: Westdeutscher Verlag, 115-138

Minkenberg, Michael (2006): Demokratie und Religion heute- theoretische und empirische Betrachtungen zu einem besonderen Verhältnis. In: Augustin, Christian/ Wienand, Johannes/ Winkler, Christiane (Hrsg): Religiöser Pluralismus und Toleranz in Europa. Wiesbaden: VS Verlag, 312-327.

Nationales Statistisches Institut: Volkszählung 2011. abrufbar unter: http://www.nsi.bg/EPDOCS/Census2011final.pdf, (14.06.2012)

Obektiv: Menschenrechte in Bulgarien im Jahr 2010. Jahresbericht des Bulgarischen Helsinki Komitee. Sofia: März 2011. Text abrufbar unter:
http://www.bghelsinki.org/media/uploads/annual_reports/2010.pdf, letzter Zugriff am 14.06.2012

Opielka, Michael (2007): Kultur versus Religion? Soziologische Analysen zu modernen Wertekonflikten. Transcript

Roßteutscher, Sigrid (2009): Religion, Zivilgesellschaft, Demokratie. Eine international vergleichende Studie zur Natur religiöser Märkte und der demokratischen Rolle religiöser Zivilgesellschaften. Nomos

Schmale, Wolfgang (2010): Europa und das Paradigma der Einheit. In: Wienand, Johannes/ Wienand, Christiane (Hrsg) (2010): Die kulturelle Integration Europas. VS Verlag, 101-121

Seeger, Bernhard (2008): Europäische Integration und Säkularisierung von Staat und Politik. Nomos

Verfassung der Bulgarischen Republik. Text abrufbar unter: http://www.online.bg/law/const/const1_b.htm, letzter Zugriff am 14.06.2012.

Werkner, Ines- Jacqueline/ Liedhegener, Antonius (2009): Einleitung: Von „Demokratie und Religion" zu „Religionen und Demokratie". In: Werkner, Ines-Jaqueline/ Liedhegener, Antonius/ Hildebrandt, Mathias (Hrsg): Religionen und Demokratie. Beiträge zu Genese, Geltung und Wirkung eines aktuellen politischen Spannungsfeldes. VS Verlag, S. 9-16.

Artikel 14: Recht auf Bildung
Schule für alle in Deutschland?

Sophie Bose

In Artikel 14 der EU-Grundrechtecharta – dem Recht auf Bildung – heißt es im Wortlaut:

(1) Jede Person hat das Recht auf Bildung sowie auf Zugang zur beruflichen Ausbildung und Weiterbildung.
(2) Dieses Recht umfasst die Möglichkeit, unentgeltlich am Pflichtschulunterricht teilzunehmen [...].

Wie sich dem Gesetzestext und noch einmal explizit einer Vorbemerkung auf der Internetseite des Europäischen Parlaments entnehmen lässt, steht das Grundrecht auf Bildung jeder Person, unabhängig von der Staatsbürgerschaft, zu. Demzufolge müsste für alle jungen Menschen in allen EU-Mitgliedsstaaten der Zugang zu Bildung gewährleistet sein. Faktisch jedoch ist er in Deutschland für rund 34.000 Heranwachsende zumindest beschränkt, wenn nicht gar verwehrt: In Deutschland leben 24.000 Minderjährige im schulpflichtigen Alter mit einer Duldung und knapp 10.000 mit einer Aufenthaltsgestattung als Asylsuchende (vgl. Studnitz 2011:130-131; BAMF 2010:25). Schroeder und Seukwa sprechen von einer „relativ geschlossenen arbeitsmarkt- und bildungspolitischen Ausgrenzungsstruktur" (2007:12). In kaum einem anderen EU-Mitgliedsstaat „ist die auf Flüchtlinge bezogene Bildungs-, Sozial- und Beschäftigungspolitik so restriktiv wie in Deutschland" (ebd.:32). Das verfassungsrechtlich und durch die EU-Grundrechtecharta garantierte Recht auf Bildung (sowie weitere Rechte wie das Selbstentfaltungsrecht, das Recht auf Arbeit, Jugendschutz und Jugendhilfe, das Recht auf freie Wohnort- und Arbeitsplatzwahl) sind der absoluten Vorrangstellung des Asyl- und Ausländergesetzes untergeordnet (vgl. ebd.:248; Weiss 2009:60; Studnitz 2011:131). Im vorliegenden Text wird die Verletzung des Grundrechts auf Bildung in Deutschland und die im EU-Vergleich in diesem Land besonders umfassenden und restriktiven Benachteiligungen von Menschen mit ungesichertem Aufenthaltsstatus im Bildungssystem aufgezeigt, die aus einer nach wie vor ethnisch verstandenen Staatsbürgerschaft und aus einer Politik, die sich jahrzehntelang vehement der Anerkennung verweigert hat, dass die deutsche Gesellschaft eine Einwanderungsgesellschaft ist, resultieren (vgl. Lohrenscheit/ Motakef 2009:141). Die Selbstorganisation junger Flüchtlinge „Jugendliche ohne Grenzen", kurz JOG, beschreibt diese Politik, die vor der Realität die Augen verschließt, wie folgt:

„Was mit den 'Arbeitsmigrant_innen` passierte, wiederholt sich gegenwärtig bei den Flüchtlingen: Sie leben größtenteils seit vielen Jahren hier und werden auf Dauer in der BRD bleiben. Dennoch wird ihnen der Zugang zu Bildung, Arbeit und Teilhabe am gesellschaftlichen Leben verwehrt." (2012a:1)

Im Folgenden argumentiere ich, dass das deutsche Bildungssystem einen monokulturellen, allein auf die angenommene ethnisch homogene „Mehrheitsgesellschaft" ausgerichteten Ansatz verfolgt, der bei „QuereinsteigerInnen" mit abweichend verlaufenen Bildungsbiographien unflexibel ist und diese somit strukturell benachteiligt (vgl. Schroeder/Seukwa 2007:13-14; vgl.

Studnitz 2011:133). Rücken die jungen Flüchtlinge dann doch in das Blickfeld der Bundesregierung, dann ausschließlich unter ökonomischen Gesichtspunkten: Erst im Zuge der Diskussion um den drohenden Fachkräftemangel rücken nun langsam auch hier lebende junge Flüchtlinge ins bildungspolitische Bewusstsein der Verantwortlichen. Sie werden zu wertvollem Humankapital, das man nicht länger vergeuden möchte (Studnitz 2011:130).

Die konkreten strukturellen Diskriminierungen im deutschen Bildungssystem werden nach einer knappen theoretischen Annäherung an die Bedeutung von Bildung im Folgenden dargestellt. Dabei nehme ich Bezug auf einzelne Biographien junger Flüchtlinge, die in der Literatur zum Thema vorgestellt werden. Aus der Analyse der aufgezeigten Defizite leite ich im Anschluss Forderungen an die deutschen EntscheidungsträgerInnen und das Europaparlament ab. Außerdem gehe ich auf positive Beispiele einer die Voraussetzungen und Lebenslagen junger Flüchtlinge berücksichtigenden Bildung ein.

Bildung kommt eine fundamentale Bedeutung für die Entfaltung der Persönlichkeit zu. Sie ist wichtig für die Entwicklung kultureller und sozialer Identität sowie eines Moralempfindens und des Empfindens von Recht und Gerechtigkeit. Außerdem eröffnet Bildung Teilhabe- und Mitwirkungsmöglichkeiten in der Gesellschaft; in gewisser Weise „bestimmt" sie die Stellung eines Menschen in ihr (vgl. Krappmann et al. 2009:19f.).

Bildung kann mit Bezugnahme auf Pierre Bourdieu als das Ergebnis individueller Zugangsmöglichkeiten zu und Verfügungsmacht über unterschiedliche Formen ökonomischen, sozialen und kulturellen Kapitals verstanden werden (vgl. Bourdieu 1983). Somit wird die Position eines Menschen in der Gesellschaft nach dem spezifischen Zusammenspiel der Kapitalien bestimmt. Zum ökonomischen Kapital gehören Eigentum, Geld und andere materielle Umstände. Kulturelles Kapital drückt sich institutionalisiert in Zeugnissen und Bildungstiteln aus; es zahlt sich möglicherweise später in Form eines gut bezahlten Jobs aus (vgl. Schroeder/ Seukwa 2007:2005). Das soziale Kapital beschreibt die Art der sozialen Beziehungen, die sich auch wiederum in bestimmten Situationen „auszahlen" (vgl. Bourdieu 2005:49-79). Schroeder und Seukwa führen noch eine weitere Kapitalsorte ein, nämlich das „juridische Kapital" (2007:25): Flüchtlingen fehlt zum größten Teil dieses Kapital, welches den Zugang zu anderen Kapitalsorten ermöglicht. Sie sind durch aufenthaltsrechtliche, arbeitsrechtliche, schul- und ausbildungsrechtliche Bestimmungen sowie durch Regelungen des Sozialhilfe-, Gesundheits- und Versicherungsrechts erheblich benachteiligt; ihnen fehlt gewissermaßen die Grundlage für den gleichberechtigten Zugang zu ökonomischem, kulturellem und sozialem Kapital. Im anschließenden Teil zeigt sich, wie sich diese Benachteiligungen konkret äußern.

Im Folgenden werden die konkreten rechtlichen und institutionellen Restriktionen, denen die betroffenen Kinder unterliegen, sowie ihre daraus resultierenden psychosozialen Belastungen überblicksartig unter Bezugnahme auf einzelne Biographien dargestellt. In besonderer Gefahr, vom Bildungssystem ausgeschlossen zu werden, sind vor allem Jugendliche unter 18 Jahren mit einem unsicheren Aufenthaltsstatus, das heißt Gestattung für die Dauer des laufenden Asylverfahrens oder Duldung nach §60a Aufenthaltsgesetz (AufenthG) vor-

übergehende Aussetzung der Abschiebung, Minderjährige, die erst mit 16 oder 17 Jahren nach Deutschland kommen und somit nicht mehr der allgemeinen Schulpflicht unterliegen sowie sogenannte „papierlose", „illegalisierte" Minderjährige (vgl. Studnitz 2011:131). Die in Deutschland lebenden jungen Flüchtlinge haben sehr unterschiedliche Voraussetzungen bezüglich der Bildung – manche sind beispielsweise mehrsprachig und haben in ihrem Herkunftsland einem dem Abitur vergleichbaren Schulabschluss erworben, andere sind aus verschiedenen Gründen nur wenige Jahre in die Schule gegangen – und selbstverständlich unterschiedliche Vorstellungen und Ziele für ihre weitere Ausbildung oder ihren Beruf. Was ihnen jedoch gemein ist, ist ihre Fluchtgeschichte und die Tatsache, dass sie in Deutschland restriktiven Gesetzen unterliegen, die ihnen allen den Zugang zum Bildungssystem erschweren oder verwehren.
Eric ist Flüchtling aus Westafrika, was er nicht weiter präzisiert, weil dies seine Abschiebung beschleunigen würde. Er spricht mehrere afrikanische Sprachen sowie Englisch und Französisch. Deutsch hat er rasch in einer Vorbereitungsklasse gelernt. Zunächst besuchte er in Deutschland zwei Jahre eine Förderschule für Lernbehinderte, weil nichts anderes für ihn zu finden war. Ein Schulleiter ließ sich mit viel Überredungskunst überzeugen, ihn in ein Berufsvorbereitungsjahr aufzunehmen. Dort schaffte Eric den Hauptschulabschluss mit der Note 1,7. Nachdem Eric in einem Altenpflegeheim ein Praktikum absolvierte, ist sein Berufswunsch Krankenpfleger. Das Heim war sehr zufrieden mit ihm und würde ihm sofort einen Ausbildungsplatz zur Verfügung stellen. Jedoch unterliegt Eric einem Arbeitsverbot, weil über seinen Asylantrag noch nicht entschieden

ist – somit kann er weder eine Ausbildung beginnen noch einen Job annehmen (vgl. Schroeder/ Seukwa 2007:13).

Qawa ist im Jahr 1996, mit 10 Jahren, mit seinen Eltern aus Syrien nach Deutschland geflohen. In Deutschland konnte er zunächst die Schule besuchen und erlangte 2003 seinen Hauptschulabschluss. Anschließend fand er direkt eine Ausbildungsstelle als KfZ-Mechaniker. Weil Qawa und seine Familie nur geduldet waren, erhielten sie ein Arbeitsverbot – und ohne Arbeitserlaubnis durfte er auch keine Ausbildung beginnen. Von 2003 bis 2011 war er zur Untätigkeit gezwungen; erst jetzt, acht Jahre nach dem Hauptschulabschluss, kann er seinen Bildungsweg fortsetzen (vgl. JOG 2012a:1).

An den Beispielen Erics und Qawas zeigt sich, wie vielfältige Ausschließungsmechanismen auf Grundlage des fehlenden juridischen Kapitals sich verdichten. Diese werden im Folgenden näher ausgeführt. Trotz der Festschreibung des Rechts auf Bildung als Grund- oder Menschenrecht in verschiedenen völkerrechtlich verbindlichen Gesetzen besteht nicht in allen deutschen Bundesländern für alle Kinder Schulpflicht (vgl. Studnitz 2011:131). In Hessen zum Beispiel wird Kindern mit einer Duldung statt der Schulpflicht nur ein Schulbesuchsrecht eingeräumt, sodass sie keinen Anspruch, sondern lediglich ein Anrecht auf die Teilnahme am Unterricht haben, sofern die Bildungseinrichtungen die Kapazitäten dazu aufbringen (vgl. Schroeder/Seukwa 2007:13).

Ein Schulbesuchsrecht bringt wiederum Nachteile bei finanziellen Unterstützungsleistungen mit sich. Ein anderes Beispiel für die Diskriminierung von Kindern mit unsicherem Aufenthaltstitel ist das Land Schleswig-

Holstein: Hier werden geduldete und gestattete Kinder innerhalb der Flüchtlingsunterkünfte beschult. Dies hat häufig soziale Segregation und Exklusion zur Folge und macht Kontakte zu gleichaltrigen Deutschen für diese Kinder fast unmöglich (vgl. Studnitz 2011:131).
So genannte Papierlose sind nur in Bayern, Baden-Württemberg und Nordrhein-Westfalen in die Schulpflicht einbezogen; in allen anderen Bundesländern besitzen sie noch nicht einmal ein Schulbesuchsrecht. Hinzu kommt, dass die Bildungseinrichtungen etwa bei der Einschulung nach §87f. AufenthG dazu verpflichtet sind, die Kinder und Jugendlichen ohne aufenthaltsrechtlichen Status der Ausländerbehörde zu melden (vgl. Schroeder/Seukwa 2007:252; Peter 2009:174; Ausländerrecht 2008:133-135; Aufenthaltsgesetz 2004, geändert 2011). Auch wenn die Meldung durch die Schulen in der Praxis selten wirklich vorgenommen wird, kriminalisiert diese „Denunziationspflicht" nicht nur die Flüchtlinge, sondern auch diejenigen, die sie betreuen und unterrichten (vgl. Schroeder/Seukwa 2007:252).
Für gestattete und geduldete Personen ist der Zugang zum Arbeitsmarkt und damit auch zum Ausbildungsmarkt (kulturelles Kapital) sehr beschränkt: Nach §61 Asylverfahrensgesetz (AsylVfG) gilt für Menschen mit Aufenthaltsgestattung und nach §11 Beschäftigungsverfahrensverordnung (BeschVerfV) für Menschen mit Duldung von wenigen Ausnahmen abgesehen ein Arbeitsverbot (vgl. Ausländerrecht 2008:217; Beschäftigungsverfahrensverordnung 2004, geändert 2011). Erst nach vier Jahren wird jungen Flüchtlingen nach §10 BeschVerfV der Zugang erlaubt (vgl. Weiss 2009:68; Beschäftigungsverfahrensverordnung 2004, geändert 2011). Hierbei greift jedoch die sogenannte Vorrangregelung,

derzufolge der Ausbildungs- oder Arbeitsplatz zuerst Deutschen, dann EU-BürgerInnen und dann Menschen mit einem sicheren Aufenthaltsstatus zusteht, bevor er an Geduldete oder Gestattete vergeben wird (vgl. Niedrig 2005:260 und 265; Studnitz 2011:132; Riedelsheimer 2009:284). Aufgrund des Arbeitsverbots und der Vorrangregelung sind junge Flüchtlinge in der Regel gezwungen, statt einer beruflichen eine schulische Ausbildung zu absolvieren. Aber auch hier gibt es fast unüberwindbare Hürden: Junge Menschen mit unsicherem Aufenthaltsstatus besitzen keinen Anspruch auf BAföG und Berufsausbildungsbeihilfe (vgl. Schroeder/ Seukwa 2007:13; Niedrig 2005:265). Sie verlieren jedoch ihren Anspruch auf Sozialhilfe, wenn sie einen im Prinzip BaFöG-fähigen Bildungsgang belegen. „Da sie ohne Arbeitserlaubnis auch keine Möglichkeit haben, einen weiterführenden Bildungsweg selbst zu finanzieren, sind sie somit zum Nichtstun verdammt, sobald sie einen Realschulabschluss erreicht haben" (Niedrig 2005:265).

Selbst Personen mit einer seltenen Ausnahmeregelung sind strukturell benachteiligt: ArbeitgeberInnen gehen ein Risiko ein, wenn sie BewerberInnen einstellen, die theoretisch jederzeit abgeschoben werden können. Deshalb entscheiden sie sich oftmals für deutsche BewerberInnen oder solche mit gesichertem Aufenthaltsstatus (vgl. Studnitz 2011:132; JOG 2012a:1).

Für Geduldete ist der Übergang in einen gesicherten Aufenthalt häufig nur unter der Bedingung möglich, dass sie ihre Lebenssicherung selbstständig, also ohne staatliche Unterstützungsgelder, bestreiten können. Dies führt dazu, dass junge Flüchtlinge die Schule oder Ausbildung vorzeitig abbrechen müssen, um Geld zu verdienen (vgl. Studnitz 2011:132; JOG 2012b:5f.). Geduldete und gestattete Personen haben außerdem keinen Anspruch auf einen Sprachkurs oder dessen Finanzierung. Deutschkenntnisse als kulturelles Kapital sind jedoch die Voraussetzung für den Zugang zu Schulen, Berufsausbildungen, Universitäten und dem Arbeitsmarkt sowie für eine gesellschaftliche Teilhabe unabdingbar. Zum Teil bieten Kommunen oder freie Träger vergünstigte oder kostenlose Deutschkurse auch für Flüchtlinge an, dies ist aber insbesondere in strukturschwachen Gegenden nicht die Regel. Mit den geringen finanziellen Mitteln, die Geduldeten und Gestatteten nach dem Asylbewerberleistungsgesetz (AsylbLG) zustehen, sind Sprachkurse nicht zu bezahlen (vgl. JOG 2012b:4-5). Auch für Kinder und Jugendliche bringt der fehlende Anspruch auf Sprachkurse Schwierigkeiten mit sich: Häufig werden sie „ohne Unterstützung ins kalte Wasser eines normalen Schulalltags geworfen" (JOG 2012b:5), obwohl sie Förderunterricht und Deutschnachhilfe bräuchten.

Die enorme Bedeutung des sozialen Kapitals, das heißt der im Aufnahmeland geknüpften sozialen Netze, wird bei der Betrachtung des positiven Einflusses von privaten Vormündern auf den Bildungsverlauf junger unbegleiteter Flüchtlinge deutlich. Jugendliche mit privaten Vormündern, die ihnen eine familienähnliche Geborgenheit und Unterstützung geben können, „haben regelmäßig erfolgreichere Bildungsverläufe aufzuweisen als solche mit Amtsvormündern" (Niedrig 2009:267). In der Regel werden vom Jugendamt jedoch Amtsvormünder zugeteilt, die jeweils bis zu 100 Minderjährige betreuen. Im Gegensatz zum ehrenamtlichen privaten Vormund, der nur für eine Person zuständig ist, ist somit zwischen dem Amtsvormund und dem jungen Flüchtling keine intensive persönliche Beziehung möglich.

Seit 2011 gibt es mit §25a AufenthG für in Deutschland geborene oder vor dem 14. Lebensjahr eingereiste „gut integrierte Jugendliche" die Möglichkeit, unabhängig vom Status der Eltern eine Aufenthaltserlaubnis zu erhalten. Jugendliche sind laut Gesetz „gut integriert", wenn folgende Bedingungen erfüllt sind: Sechs Jahre ununterbrochener Aufenthalt in Deutschland mit Duldung, Gestattung oder Aufenthaltserlaubnis; sechs Jahre „erfolgreicher Schulbesuch" und/oder Erlangung eines Schulabschlusses und „sofern gewährleistet erscheint, dass [der oder die Jugendliche] sich aufgrund seiner bisherigen Ausbildung und Lebensverhältnisse in die Lebensverhältnisse der Bundesrepublik Deutschland einfügen kann" (Aufenthaltsgesetz 2004, geändert 2011). Auch wenn diese Gesetzesänderung begrüßenswert ist, so sind doch die Bedingungen nur schwer zu erfüllen. Die geforderte Mindestaufenthaltsdauer beispielsweise weist kaum ein unbegleiteter minderjähriger Flüchtling auf. Ein solches Gesetz bewirkt wenig, wenn die rechtlichen Regelungen den Zugang zum Bildungssystem weiterhin erschweren und das Bildungssystem den besonderen individuellen Voraussetzungen und Belangen von jungen Flüchtlingen weiterhin nicht Rechnung trägt. Schroeder und Seukwa fassen die Situation junger Flüchtlinge im deutschen Bildungssystem wie folgt zusammen: „Das ihnen zur Verfügung stehende juridische, [...] ökonomische und soziale Kapital ist unzureichend, um in den Feldern Bildung, Ausbildung und Arbeit ´ertragreich´ agieren zu können. Dass es einzelnen dennoch gelingt, trotz widrigster objektiv gegebener Bedingungen Bildungstitel zu erwerben und Arbeit zu finden, verdient höchsten Respekt. Dass andere resigniert haben – wer will ihnen das verdenken" (2007:27).

Aufgrund der Erlebnisse im Herkunftsland, die die Flucht nötig machten, sowie der meist traumatischen Erfahrung der Flucht, haben viele Flüchtlinge psychische Probleme, derer sich in den Sammelunterkünften kaum jemand annimmt. In nur wenigen Bundesländern gibt es Behandlungszentren für Folteropfer und traumatisierte Flüchtlinge, die zudem völlig überlastet sind. Abgesehen davon werden Traumatisierungen und psychische Krankheiten aufgrund mangelnder Kompetenz des Betreuungspersonals in den Unterkünften oder aufgrund von Verständigungsschwierigkeiten gar nicht erst erkannt (vgl. Weiss 2009:64). Die Posttraumatischen Belastungsstörungen (PTBS), mit deren Auftreten bei Flüchtlingen zu rechnen ist, äußern sich vor allem in Angstzuständen, in „flash-backs", also dem „ungewollten heftigen Erinnern an die traumatisierenden Ereignisse im Wachzustand oder im Traum" (ebd.:64), in Schlafstörungen, Depressionen, Apathie, Gedächtnis- und Konzentrationsstörungen, besonderer Schreckhaftigkeit, Reizbarkeit und nervlicher Empfindlichkeit (vgl. ebd.:64f.). Die Isolation und Vereinsamung, denen Flüchtlinge im Aufnahmeland ausgesetzt sind, sowie die zuvor beschriebenen Sondergesetze haben zusätzliche Folgen für die psychische und psychosoziale Situation der betroffenen Jugendlichen (vgl. Studnitz 2011:133; Weiss 2009:65). Das Leben in den überfüllten Sammelunterkünften, der Mangel an Privatsphäre, das jahrelange verordnete Nichtstun macht krank. Es dominiert das Gefühl, „sein Leben nicht selbst aktiv gestalten zu können", sondern „fremdbestimmt" zu sein (Studnitz 2011:133). Hinzu kommt die dauerhafte Unsicherheit, ob man in Deutschland bleiben kann; die Abschiebung schwebt wie ein Damoklesschwert ständig über den Betroffenen. Zu

den Angsterfahrungen, die letztlich zur Flucht geführt haben, kommen also häufig aktuelle Ängste und Belastungen im Aufnahmeland (vgl. Weiss 2009:65).
Schroeder und Seukwa (2007:22) zitieren den Flüchtling Gibson, der das zermürbende Warten in den Sammelunterkünften beschreibt: „Es ist den Behörden egal, [...] dass unser Leben hier vergeudet ist. [...] Während dieser langen Zeit des Wartens bricht alles in dir zusammen... alle deine Träume. Wenn sie dich dann endlich anerkennen, dann hast du schon gar keine Kraft mehr, nun mit deinem neuen Leben zu beginnen. Die Tage sind alle irgendwie gleich. [...] Es ist, als ob das Leben hinter einem liegt, man fühlt sich ein bisschen wie tot." Diese kurz umrissenen psychosozialen Belastungen wirken sich selbstverständlich auch auf den individuellen Bildungsweg aus: Betroffene können sich im Unterricht nicht so konzentrieren wie SchülerInnen ohne diese Erfahrungen; sie sind möglicherweise schlechter vorbereitet und unausgeschlafener, weil sie in den Sammelunterkünften so gut wie keine Privatsphäre haben. LehrerInnen, die über die Situation der jungen Flüchtlinge nicht Bescheid wissen, deuten dies oft als Faulheit oder Unaufmerksamkeit. Dies kann wiederum Konsequenzen für ein Bleiberecht nach §25a AufenthG nach sich ziehen, für das auch LehrerInnen mitunter eine „Integrationsprognose" schreiben. Das Wissen der jungen Flüchtlinge um den „erfolgreichen Schulbesuch" als Bedingung für die Erteilung des Status´ §25a schafft weiteren Druck: Sie lernen plötzlich nicht mehr nur für einen guten Schulabschluss, sondern, um nicht abgeschoben zu werden. Ein besonders großes Problem hierbei ist, dass sich allgemeinbildende Schulen für 16- und 17-jährige SchuleinsteigerInnen gar nicht mehr zuständig sehen.

Dadurch bestehen vonseiten des Staates kaum flexible Möglichkeiten, Schulabschlüsse nachzuholen (vgl. Studnitz 2011:133; JOG 2012b:5). Freie Träger versuchen, diese Lücke zu schließen und bieten Fördermöglichkeiten für junge Flüchtlinge an.[1]
Im Jahr 2000 beschlossen die europäischen Staats- und Regierungschefs auf dem Gipfel in Lissabon das Programm EQUAL zur Erprobung neuer Modelle für die Integration benachteiligter Gruppen in den Arbeitsmarkt und neuer Wege zur Bekämpfung von Ungleichheit und Diskriminierung insbesondere in der Arbeitswelt. „Erstmals in der Geschichte der Europäischen Union" - und auch in der Geschichte der Bundesrepublik Deutschland – „wurde die Gruppe der Asylbewerber und Flüchtlinge explizit in ein Beschäftigungsprogramm einbezogen" (Schroeder/Seukwa 2007:34). Für die beiden Förderperioden 2002-2005 und 2005-2007 wurden insgesamt

---

[1] Ein Beispiel dafür ist die Münchener SchlaU-Schule. SchlaU bedeutet „Schulanaloger Unterricht für unbegleitete minderjährige Flüchtlinge". Die SchlaU-Schule in München besteht seit 2000, ist inzwischen vom Bayerischen Kultusministerium als staatliche Ergänzungsschule anerkannt und wird neben vielen andere Unterstützern auch von der EU gefördert. Nach deutschem Recht sind die jährlich etwa 140 SchülerInnen der SchlaU-Schule, die zwischen 16 und 20 Jahren alt sind, nicht mehr schulpflichtig, auch wenn sie in ihren Herkunftsländern häufig nicht durchgängig beschult worden sind. Dieses Defizit im regulären deutschen Schulsystem gleicht SchlaU aus und ermöglicht den häufig traumatisierten jungen Flüchtlingen, ihre Persönlichkeit aufzubauen und zu stärken, sich zu alphabetisieren, Deutsch zu lernen und den Hauptschulabschluss abzulegen. Dazu werden eigene Schulmaterialien verwendet, die auf die Lebensrealitäten der jungen Flüchtlinge passen. Die SchülerInnen besuchen die SchlaU-Schule durchschnittlich 2 bis 3 Jahre, an deren Ende sie an Münchner Regelschulen die offiziellen bayernweiten Hauptschulprüfungen ablegen. Nach eigenen Angaben der Schule beträgt die Erfolgsquote dabei 95 %.

rund 2,8 Mrd. Euro aus dem Europäischen Sozialfonds (ESF) bereitgestellt. Deutschland erhielt davon rund 500 Mio. Euro, die mit derselben Summe aus Mitteln des Bundes, der Länder oder Kommunen kofinanziert werden mussten. Es entstanden in Deutschland so genannte regionale „Entwicklungspartnerschaften" aus Flüchtlings- und MigrantInnenorganisationen, Bildungsträgern, Schulen, Fachbehörden, Betrieben und Wirtschaftsunternehmen, die gemeinsame Projekte durchführten (vgl. ebd.:33f.; Studnitz 2011:133-134). Der große Gewinn dieser regionalen Netzwerke bestand darin, „dass sämtliche relevante Akteure gemeinsam nach Lösungen suchen und auf handlungspraktischer Ebene miteinander kooperieren" (Studnitz 2011:134). Das Bundesministerium für Arbeit und Soziales beschloss 2008 als Nachfolge das ESF-Bundesprogramm zur arbeitsmarktrechtlichen Unterstützung für Bleibeberechtigte und Flüchtlinge mit Zugang zum Arbeitsmarkt. Bundesweit ermöglichen die Netzwerke Tausenden von jugendlichen und erwachsenen Flüchtlingen Beratungen, Qualifizierung und Vermittlung in Arbeits- und Ausbildungsplätze (vgl. ebd.:133f.).

Aus den hier dargelegten rechtlichen und institutionellen Diskriminierungen lassen sich konkrete Forderungen ableiten, die vorrangig an die deutschen EntscheidungsträgerInnen aller Ebenen, v.a. aber in den Bundesländern und Kommunen, zu adressieren sind: Schaffung von Rahmenbedingungen, die es jungen Flüchtlingen ermöglichen, sich weiterzubilden und eine positive Lebensperspektive zu entwickeln (vgl. Weiss 2009:69). Vereinheitlichung der Regelungen zur Schulpflicht für Jugendliche mit Gestattung oder Duldung sowie für Papierlose in allen Bundesländern. Humanisierung der Lebensumstände von Flüchtlingen, wie flächendeckende Unterbringung in Privatwohnungen, um soziale Iso-lation in Sammelunterkünften zu verhindern (vgl. JOG 2012b:6). Abschaffung der Residenzpflicht, die Flücht-linge zum Nichtstun zwingt und Schaffung eines gleichberechtigten Anspruchs auf BAföG für junge Flüchtlinge. Zusammenfassend zeigt sich, dass die meisten der Forderungen auf nationaler bzw. regionaler und kommunaler Ebene umgesetzt werden müssen. Denn auch wenn die EU-Flüchtlingspolitik in weiten Teilen zu kritisieren ist, so gibt es bezüglich der Bildung von Flüchtlingen schon eine weitaus fortschrittlichere europäische Politik, als wir sie in der Bundesrepublik Deutschland vorfinden.

Referenzen
Aufenthaltsgesetz (2004). Zuletzt geändert 2011. Text abrufbar unter http://www.gesetze-im-internet.de, (Zugriff am 19.04.2012)
Ausländerrecht 2008. Mit einer Einführung von Hubert Heinhold. Karlsruhe: Von Loeper Literaturverlag
Beschäftigungsverfahrensverordnung (Verordnung über das Verfahren und die Zulassung von im Inland lebenden Ausländern zur Ausübung einer Beschäftigung) (2004): Zuletzt geändert 2011. Text abrufbar unter: http://www.gesetze-im-internet.de/beschverfv/ (Zugriff am 29.04.2012).
Bundesamt für Migration und Flüchtlinge (BAMF) (Hrsg.) (2010): Asyl in Zahlen 2009. Nürnberg.
Bourdieu, Pierre (1983): Ökonomisches Kapital, kulturelles Kapital, soziales Kapital. In: Kreckel, Reinhard (Hrsg). Soziale Ungleichheit. Soziale Welt, Band 2. Göttingen: Schwartz, 183-198.
Bourdieu, Pierre (2005): Ökonomisches Kapital – kulturelles

Kapital – soziales Kapital. In: Ders., die verborgenen Mechanismen der Macht. Unveränderter Nachdruck der Erstauflage von 1992. Hamburg: vsa, 49-79.

Jugendliche Ohne Grenzen (JOG) (2012a): BILDUNG [S] LOS! Grenzenlos Bedingungslos auch für Flüchtlinge! Aufruf. Berlin. Text abrufbar unter www.bildung.jogspace.net (Zugriff am 04.04.2012).

Jugendliche Ohne Grenzen (JOG) (2012b): BILDUNG [S] LOS! Grenzenlos Bedingungslos auch für Flüchtlinge! Forderungskatalog Bildungskampagne. Berlin. Text abrufbar unter www.bildung.jogspace.net (Zugriff am 04.04.2012).

Krappmann, Lothar/Lob-Hüdepohl, Andreas/Bohmeyer, Axel/Kurzke-Maasmeier, Stefan (2009): Einleitung. In: Dies. (Hrsg.), Bildung für junge Flüchtlinge – ein Menschenrecht. Erfahrungen, Grundlagen und Perspektiven. Bielefeld: Bertelsmann, 17-22.

Niedrig, Heike (2005): Der Bildungsraum junger Flüchtlinge. In: Hamburger, Franz/Badawia, Tarek/Hummrich, Merle (Hrsg.), Migration und Bildung. Über das Verhältnis von Anerkennung und Zumutung in der Einwanderungsgesellschaft. Wiesbaden: Verlag für Sozialwissenschaften, 257-275.

Peter, Erich (2009): Das Recht des statuslosen Kindes auf Bildung. In: Krappmann, Lothar/Lob-Hüdepohl, Andreas/Bohmeyer, Axel/Kurzke-Maasmeier, Stefan (Hrsg.), Bildung für junge Flüchtlinge – ein Menschenrecht. Erfahrungen, Grundlagen und Perspektiven. Bielefeld: Bertelsmann, 169-175.

Riedelsheimer, Albert (2009): Das Recht auf Bildung für junge Flüchtlinge. In: Krappmann, Lothar/Lob-Hüdepohl, Andreas/Bohmeyer, Axel/Kurzke-Maasmeier, Stefan (Hrsg.), Bildung für junge Flüchtlinge – ein Menschenrecht. Erfahrungen, Grundlagen und Perspektiven. Bielefeld: Bertelsmann, 281-284.

Schroeder, Joachim/Seukwa, Louis Henri (2007): Flucht – Bildung – Arbeit. Fallstudien zur beruflichen Qualifizierung von Flüchtlingen. Karlsruhe: Von Loeper Literaturverlag.

Studnitz, Stefanie (2011): Ausgrenzung statt Ausbildung – die Situation junger Flüchtlinge im deutschen Bildungssystem. In: Migration und soziale Arbeit, 33 (2), 130-136.

Weiss, Karin (2009): Lebenslagen von jungen Flüchtlingen in Deutschland. In: Krappmann, Lothar/Lob-Hüdepohl, Andreas/Bohmeyer, Axel/Kurzke-Maasmeier, Stefan (Hrsg.), Bildung für junge Flüchtlinge – ein Menschenrecht. Erfahrungen, Grundlagen und Perspektiven. Bielefeld: Bertelsmann, 59-70.

Artikel 14: Recht auf Bildung
Exklusive Beschulung in Spanien?

Jana Pittelkow

Das Recht auf Bildung ist Bestandteil diverser internationaler und nationaler rechtlicher Ordnungen. So ist es im Artikel 26 der UN Menschenrechtscharta enthalten, die 1948 von 171 Ländern, unter anderem Spanien, unterzeichnet wurde. In der Europäischen Union wird das Recht auf Bildung durch den Artikel 14 der Europäischen Grundrechtcharta aufgegriffen. Diese ist seit dem Inkrafttreten des Vertrags von Lissabon am 1. Dezember 2009 ein integraler Bestandteil des EU-Primärrechts. Die Charta umfasst die allgemeinen Freiheits- und Gleichheitsrechte, BürgerInnenrechte sowie die justiziellen, wirtschaftlichen und sozialen Rechte, die für alle UnionsbürgerInnen gleichermaßen gelten. Der Artikel 21, der unter das Gleichheitsrecht fällt, sichert zudem die Nichtdiskriminierung, unter anderem aufgrund ethnischer oder sozialer Herkunft ab (Europäische Gemeinschaft 2000).

In Spanien wird das Recht auf Bildung durch den Artikel 27 der spanischen Verfassung gewährt, während der Artikel 39 den Schutz der Familie und der Kindheit garantiert. Das Gesetz Ley Orgánica de Educación 2/2006 vom 3. Mai (LOE) enthält das Recht auf persönliche, soziale und kulturelle Chancengleichheit und schließt damit implizit auch ethnische und geschlechtsspezifische Gleichberechtigung in der Bildung ein. In Spanien gibt es außerdem, als eines von wenigen Ländern der Europäischen Union, ein Gleichberechtigungsgesetz: das Ley

Orgánica 3/2007 vom 22. März, das die effektive Gleichheit von Männern und Frauen garantiert.

Da Bildung ein immer größerer Stellenwert auf allen gesellschaftlichen Ebenen zugeschrieben wird, ist die Umsetzung des Rechts auf Bildung eine zentrale Frage moderner Staaten. Zum einen wird Bildung in der heutigen „Informations-" bzw. „Wissensgesellschaft" als Schlüssel für gesellschaftlichen Fortschritt und Wachstum erkannt. Das „Humankapital" ist im kapitalistischen Wettbewerb zu einer der wichtigsten Ressourcen von Staaten und Unternehmen geworden. Dementsprechend wird der Ausschluss von Bildung immer verheerender. Zum anderen ist Bildung aber auch nötig, um das Funktionieren einer Demokratie zu gewährleisten. So führt Robert Dahl in seinen demokratietheoretischen Überlegungen den „aufgeklärten Wissensstand" als eines von 5 zentralen Kriterien einer idealen Demokratie an (1989:108ff). Diesem setzt er direkt hinzu, dass eine ideale Demokratie nicht zu erreichen ist, sondern de facto immer in einer Polyarchie, einer Herrschaft von mehreren mit wesentlichen demokratischen Defiziten, endet. Wie das Recht auf Bildung in Spanien in Bezug auf gesellschaftliche Minderheiten wie den Roma umgesetzt wird, ist insbesondere deshalb interessant, weil es dort keine einheitliche Mehrheitsbevölkerung gibt. Spanien ist an sich nicht ethnisch homogen, sondern multinational (Bonal/Rambla 2003). In den letzten 15 Jahren wandelte sich Spanien zudem von einem Auswanderungs- zu einem Einwanderungsland (ebd.), wodurch die ethnische Vielfalt weiter erhöht wurde. In akademischen und politischen Diskursen werden Multinationalität und Multikulturalität betont, insbesondere gilt dies für den Bereich Bildung (ebd.). Kann man also davon ausgehen, dass das Bildungssystem Spaniens an diese Multikulturalität angepasst ist und alle Minderheiten, so auch die Roma, integriert?

Das Recht auf Bildung wird in Spanien zwar auch allen Roma garantiert, es gibt jedoch gravierende Defizite, was deren Chancengleichheit anbetrifft. Von 40 Millionen Einwohnern Spaniens sind rund 800 000 Einwohner spanische Roma. Dies sind etwas 6,4 Prozent der insgesamt in der Europäischen Union lebenden Roma, womit Spanien eines der 5 Länder mit höchstem Roma-Bevölkerungsanteil ist (Ministerio De Sanidad, Politica Social E Igualdad 2011). Rund 45 Prozent der Roma leben in Andalusien, die Übrigen vorwiegend in großen Städtezentren wie Madrid (Europäisches Parlament 2006). Spaniens Roma sind seit Jahrzehnten einer erheblichen Bildungsbenachteiligung gegenüber der Mehrheitsbevölkerung ausgesetzt (Beuchling 2011). So gehen von den schulpflichtigen sechs- bis 15-jährigen nur 88,2 Prozent zur Schule, während es im EU-Durschnitt 99,6 Prozent sind (Fundación Secretariado Gitano 2009). Auch der Schulabsentismus ist ein Problem: Beispielsweise existierten 2003 in 46 Prozent der Bezirke Andalusiens gravierende Probleme mit dem Fehlen der Roma-Schüler (Beuchling 2011). Auch weisen die Roma-Kinder einen starken durchschnittlichen Leistungsrückstand im Vergleich zu ihren Mitschülern auf (ebd.). Dies führt dazu, dass nur 31,9 Prozent der Roma-Schüler alle Fächer am Ende des Schuljahres bestehen, während dies bei den übrigen spanischen Schülern 58,1 Prozent sind (ebd.). Insbesondere der vorzeitiger Schulabbruch ist alarmierend: ca. 70 Prozent der Roma brechen vor dem Ende des letzten Jahres der Pflichtschulzeit ab (Europäisches Parlament 2006).

Darüber hinaus sind auch starke geschlechtsspezifische Unterschiede zu verzeichnen: Roma-Mädchen verlassen die Schule schon beim Übergang von der Primar- in die Sekundarstufe, so dass im ersten Schuljahr der Sekundarschule bereits deutlich weniger Mädchen (31 Prozent) als Jungen (69 Prozent) am Unterricht teilnehmen (Eurodyce 2010:94). Mädchen erzielen ab der Sekundarstufe auch schlechtere Noten als Jungen. Gleichzeitig gehen aber weniger Roma-Mädchen als Jungen vorzeitig von der Schule ab, so dass am Ende der Schulbildung doppelt so viele Roma-Mädchen wie Jungen im Bildungssystem verbleiben. Dies wird vor allem auf eine stärkere Motivation der Jungen zurückgeführt, einer entlohnten Arbeit nachzugehen (ebd.:28). Wie Beuchling (2010) deutlich macht, hat der vorzeitige Schulabbruch der Mädchen jedoch keine strukturellen Gründe. Neben den für beide Geschlechter geltenden knappen finanziellen Ressourcen der Familien gibt es geschlechterspezifische Ursachen. Diese sind bei den Mädchen vor allem Druck durch die Familien und die Roma-Bezugsgruppen, die negative Wahrnehmung der Schulen durch ihre Familien, die Verpflichtung zu Hausarbeit und Kinderbetreuung sowie die Wahrnehmung der Rolle als Roma-Frau (Beuchling 2011; Eurodyce 2010). Die Ursachen bei Jungen sind eher im Mangel an Motivation, fehlenden Bezugspersonen, fehlenden Vorbildern bzw. sozialen Modellen sowie dem Interesse, einer bezahlten Arbeit nachzugehen, zu finden (Beuchling 2011). Die weitere geschlechtsspezifische Diskrepanz wird auch daran deutlich, dass Roma-Mädchen zu 16,4 Prozent als lese- und schreibunkundig gelten, Roma-Jungen aber „nur" zu 9,6 Prozent (ebd.). Roma-Mädchen sind de facto also schlechter gebildet. In den letzten Jahren hat sich das

Bildungsniveau der Roma-Frauen zwar verbessert (Europäisches Parlament 2006), dennoch bleibt das Grundproblem der geschlechtsspezifischen Bildungsbenachteiligung bestehen. Wo sind die Ursachen hierfür zu finden und wie reagieren die beteiligten Akteure auf diese Lage?
Der spanische Staat hat das Problem der ethnischen und geschlechtsspezifischen Bildungsbenachteiligung der Roma durchaus erkannt. Es gibt einige lokale, regionale oder nationale Subventionen für Roma- oder Pro-Roma-Vereinigungen, auch speziell für Roma-Frauen (ebd.). Die meisten Gelder kommen jedoch aus EU Förderungen gegen Diskriminierung, die nicht speziell für Roma gedacht sind (ebd.). Die Teilnahme der Roma-Frauen an diesen Tätigkeiten und an der Vereinigung nimmt zu (ebd.). Das Problem des Schulabsentismus wird über verschiedene Programme angegangen, wobei die Initiative häufig nur von vereinzelten Lehrern oder Schulen ausgeht und mangelhaft koordiniert wird (Ribaya Mallada 2004). Auch in puncto Chancengleichheit von Jungen und Mädchen wird etwas getan. Die Autonomen Regionen sind gesetzlich verpflichtet, Gleichstellungspläne zu entwickeln (Eurodyce 2010:59). Ziele wie die Förderung der Grundrechte und Grundfreiheiten und der faktischen Gleichstellung von Männern und Frauen, die Anerkennung der sexuellen Vielfalt sowie die Überwindung von sexistischen Einstellungen und klassischen Rollenbildern sind im Bildungsgesetz verankert (ebd.:62). In der Praxis werden diese Themen bei der Lehrerausbildung berücksichtigt (ebd.:109) und im Rahmen bestimmter Projekte, wie zum Beispiel Handbüchern für Fachleute im Bildungsbereich, verfolgt

(ebd.:77). Dabei werden teilweise auch explizit Roma-Frauen thematisiert (ebd.:97).
Die Familie nimmt bei diesem Problem eine entscheidende Rolle ein. Roma gehen davon aus, dass die elementare Bildung im Rahmen der Familie stattfindet, und die zu Hause erlernten Werte und Fähigkeiten viel eher zu einer Existenzsicherung beitragen können als der staatliche Schulunterricht (Pastor 2011). Folglich mangelt es an Identifikation mit dem spanischen Bildungssystem. Zudem haben die Roma Angst, dass die modernen Werte der westlichen Gesellschaft, die in der Schule vermittelt werden, die alten Traditionen der Roma gefährden. Bildung ist für sie vor allem ein kulturelles Schlüsselelement für die soziale Konstruktion der kollektiven Identität (ebd.). Dazu kommt, dass die im Vergleich zur spanischen Mehrheitsbevölkerung festgestellten sozialen Unterschiede oft als unabänderlich gesehen werden, wodurch der Anreiz zu Bildung fehlt (ebd.). Trotz allem gibt es einen positiven Trend: Die in der Schule erlernten Fähigkeiten werden zunehmend wertgeschätzt und das Interesse an Bildung nimmt allgemein zu (Instituto de la Mujer 2006). So bereuen Roma-Eltern heute immer häufiger, dass sie selbst dem Schulunterricht ferngeblieben sind, und ermahnen ihre Kinder, die staatlichen Bildungsangebote wahrzunehmen (Pastor 2011).
Ein anderer Grund ist der aus „westlicher" Sicht frühe Übergang ins Erwachsenenalter. 14-Jährige werden bei den Roma als Erwachsene angesehen und beginnen, ihre Familien zu unterstützen: Während die Jungen arbeiten gehen, führen die Mädchen gemeinsam mit den anderen Frauen der Familie den Haushalt (Europäisches Parlament 2006). Ca. 50 Prozent der über 16-Jährigen arbei-

ten bereits (Fundacion Secretariado Gitano 2009). Roma neigen zudem dazu, früher als der Bevölkerungsdurchschnitt zu heiraten (Europäisches Parlament 2006). Etwa 2/3 der 15-jährigen spanischen Roma (rund 313 000) geben an, ein oder mehr Kinder zu haben (ebd.).

Der häufigste genannte Grund für den frühen Schulabbruch von Mädchen ist eng mit dem traditionellen Rollenbild von Mann und Frau verbunden. Während der traditionelle Roma-Mann arbeiten geht und die materielle Existenz absichert, hat die Frau vor allem die Aufgabe, durch Kultivierung und Sozialisierung die Gemeinschaft zusammenzuhalten (Mulcahy 1976: 136). Die Bildung der Frauen, die mit individueller Emanzipation einhergeht, würde demzufolge das traditionelle Familienbild verändern und wird daher bewusst abgelehnt, um die traditionelle patriarchale Familienstruktur aufrecht zu erhalten. Doch zeigt der Trend der letzten Jahre, dass sich von diesem Rollenbild langsam gelöst wird: Es gibt einen Wandel hin zu einer Neudefinition der kulturellen und der Geschlechteridentität, hauptsachlich bei Jugendlichen und Frauen in Stadtgebieten, der mit einer wachsenden Anerkennung von Ausbildung und Beschäftigung einhergeht (Europäisches Parlament 2006).

In der spanischen Gesellschaft gibt es eine nicht zu leugnende ethnische Diskriminierung: Roma haben schlechtere ökonomische Bedingungen und einen schlechteren Zugang zu den Fördermitteln als die Mehrheitsgesellschaft. Roma-Frauen werden dabei doppelt diskriminiert: ethnisch und geschlechterspezifisch. Die Vorurteile, die viele Spanier gegenüber Roma haben, erfahren diese auch durch Diskriminierung im Schulunterricht (ebd.). Die spanische Zivilgesellschaft ist bei diesem Thema allerdings sehr aktiv. Es gibt einige Organisationen und Initiativen, die sich der Gleichberechtigung der Roma widmen. Insbesondere ist an dieser Stelle die Fundación Secretariado Gitano (FSG) zu nennen, die beispielsweise einen Vertrag mit dem Institut für Frauenangelegenheiten vom Ministerium für Arbeit und Soziale Angelegenheiten abschließen konnte (ebd.). Sie bietet umfangreiches und gut recherchiertes Informationsmaterial, wie zum Beispiel Leitlinien und Handbücher, an und führt Studien durch, die wissenschaftlichen Standards entsprechen (Eurodyce 2010:78).

In diesem Beitrag wurde anhand des Beispiels der Bildungsbenachteiligung von Roma in Spanien gezeigt, dass der in Demokratien angelegte Zielkonflikt zwischen Freiheit und Gleichheit auch in Europa auftritt und zu Problemen führt. In Spanien wird sich zwar um eine Umsetzung des Rechts auf Bildung und ethnische sowie geschlechtliche Gleichberechtigung bemüht, dennoch gibt es erkennbare Bildungsdefizite bei den Roma, insbesondere bei den Mädchen. Offenbar entstehen diese durch die Nichtvereinbarkeit der dem Zweck der Chancengleichheit dienenden allgemeinen Schulpflicht mit dem Wunsch der Roma-Familien zur Selbstbestimmung, als Teil ihrer persönlichen und kulturellen Freiheit. Die Angst der Roma vor dem Verlust der eigenen kulturellen Identität führt letztendlich dazu, dass ihre Kinder das Bildungsangebot des spanischen Staates nicht, oder nicht in vollem Umfang, wahrnehmen.
Die Inklusion der Roma-Kinder in das Bildungssystem ist vor dem Hintergrund des traditionellen Familienbildes der Roma definitiv ein sensibles Thema und stellt eine Herausforderung an den Staat dar. Obwohl es einen positiven Trend in der Wahrnehmung der Bildungsange-

bote gibt und von europäischer, staatlicher und zivilgesellschaftlicher Seite an dem Problem gearbeitet wird, ist immer noch weiterer Handlungsbedarf gegeben. Die bereits initiierten Programme und Maßnahmen im bildungspolitischen, gesellschaftlichen, und wirtschaftlichen Bereich müssten mit Fokus auf die Förderung der Partizipation der Roma und dem Abbau der gesellschaftlichen Vorurteile noch gezielter verfolgt werden. Da dies aber finanzielle Ressourcen erfordert, die in dem außerordentlich stark von der Finanzkrise betroffenen Spanien derzeit kaum aufzubringen sind, ist eine Ausweitung der Aktivitäten auf diesem Gebiet im Moment eher unwahrscheinlich. Das Wichtigste ist jedoch, den Roma-Familien zu verdeutlichen, dass Bildung nicht den Verlust ihrer Kultur bedeutet, sondern ihr Leben in vielerlei Hinsicht bereichern kann. Die bereits im Schulsystem integrierten Roma-Kinder und Frauen haben an dieser Stelle auch selbst Verantwortung dafür zu tragen, dass ihre Familien verstehen und vor allem erfahren, dass Bildung und persönliche Ambitionen den Gruppenzusammenhalt und die kulturelle Identität nicht gefährden. Um die Roma-Kinder dabei zu unterstützen, sollten ihnen in den Schulen vertrauenswürdige und gut ausgebildete Ansprechpartner zur Verfügung gestellt werden, die ihnen gleichermaßen in schulischen sowie in familiären Fragen eine Unterstützung geben können. Gleichzeitig sollte den Roma in einem sich als multikulturell bezeichnendem Land wie Spanien auch in Zukunft die Freiheit gewährt bleiben, ihren Traditionen nachzugehen, auch wenn sie dadurch gesellschaftlich benachteiligt werden.

Referenzen

Balibar, Etienne (1989): "Menschenrechte" und "Bürgerrechte": Zur modernen Dialektik von Freiheit und Gleichheit. In: Balibar, Etienne (1993): Die Grenzen der Demokratie. Hamburg: Argument, S. 99-123.

Beuchling, Olaf (2010): Zwischen Payos und Gitanos. Eine Studie zur ethnischen Bildungsungleichheit in Spanien. Münster: Waxmann.

Beuchling, Olaf (2011): Die Bildungssituation des pueblo gitano in Spanien. Entwicklungen, Kampagnen und Programme. Bad Doll: Evangelische Akademie Bad Boll.

Bonal, Xavier/Rambla, Xavier (2003): Splintered Multiculturalism. Three Theses On The Multi-Nation And The Poly-Ethnic State In The Spanish Education Policy. International Journal Of Contemporary Sociology, 40 (1), S. 75-91.

Dahl, Robert A. (1989): Democracy and its critics. New Haven: Yale University Press.

De Tocqueville, Alexis (1981): Zur Politik in der Demokratie. In: Hereth, Michael/Hoeffken, Jutta (Hrsg.), Baden-Baden: Nomos.

Europäische Gemeinschaft (2000): Grundrechte der Europäischen Union. Amtsblatt vom 7. Dezember 2000 (2000/C 364/01). Text abrufbar unter:
http://www.europarl.europa.eu/charter/pdf/text_de.pdf (zuletzt eingesehen am 03.04.2012)

Europäische Kommission (2011): Integration der Roma: EU-Kommission fordert Mitgliedstaaten zur Festlegung nationaler Strategien auf. Text abrufbar unter:
http://europa.eu/rapid/pressReleasesAction.do?reference=IP/11/400&format=HTML&aged=0&language=de (zuletzt eingesehen am 03.04.2012)

Europäisches Parlament (2006): Aspekte der ökonomischen Situation von Romafrauen. Text abrufbar unter:
http://edz.bib.uni-mannheim.de/daten/edz-ma/ep/06/pe365970-de.pdf (zuletzt eingesehen am 24.03.2012)

Eurodyce (2010): Geschlechterunterschiede bei Bildungsresultaten: Derzeitige Situation und aktuelle Maßnahmen in Europa. Brüssel: Exekutivagentur Bildung, Audiovisuelles und Kultur P9.

Fundacion Secretariado Gitano (2009): Health and the Roma Community, analysis of the situation in Europe. Bulgaria, Czech Republic, Greece, Portugal, Romania, Slovakia, Spain. Text abrufbar unter: http://ec.europa.eu/social/BlobServlet?docId=4309&langId=en (zuletzt eingesehen am 30.03.2012)

Instituto de la Mujer (Ministerio de Trabajo y Asuntos Sociales) (2006): Incorporación y trayectoria niñas gitanas en la E.S.O. Madrid: Instituto de la Mujer. Text abrufbar unter: http://www.gitanos.org/publicaciones/incorporaciongitanaseso/PDF/V.pdf (zuletzt eingesehen am 03.04.2012)

Loeber , Dietrich A. (1997): Die Minderheitenschutzverträge - Entstehung, Inhalt und Wirkung. In: Hans Lemberg (Hrsg.): Ostmitteleuropa zwischen den beiden Weltkriegen (1918-1939). Stärke und Schwäche der neuen Staaten, nationale Minderheiten. Marburg: Herder-Institut.

Ministerio De Sanidad, Politica Social E Igualdad (2011): Diagnóstico social de la comunidad gitana en España. Un análisis contrastado de la Encuesta del CIS a Hogares de Población Gitana 2007. Madrid: Ministerio De Sanidad, Politica Social E Igualdad. Text abrufbar unter: http://www.msssi.gob.es/politicaSocial/inclusionSocial/poblacionGitana/docs/diagnosticosocial_autores.pdf (zuletzt eingesehen am 03.04.2012)

Mulcahy, F. D. (1976): Gitano Sex Role Symbolism and Behavior. Anthropological Quarterly, 49 (2), S. 135-151.

Pastor, Begoña García (2011): ¿Qué entienden las y los gitanos por educación? Cadernos de Educação, 39, S. 61-81. Text abrufbar unter: http://www.ufpel.edu.br/fae/caduc/downloads/n39/03.pdf (zuletzt eingesehen am 24.03.2012)

Ribaya Mallada, Francisco J. (2004): El Absentismo Escolar En España. In: Saberes, 2, S. 1-24.

Schmidt, Manfred G. (2010): Demokratietheorien. Eine Einführung. Wiesbaden: VS Verlag für Sozialwissenschaften.
Vereinte Nationen (1948): Allgemeine Erklärung der Menschenrechte. Resolution 217 A (III) der Generalversammlung vom 10. Dezember 1948. Text abrufbar unter: http://www.ohchr.org/EN/UDHR/Pages/Language.aspx?LangID=ger (zuletzt eingesehen am 03.04.2012)

Artikel 15: Berufsfreiheit und Recht zu arbeiten
Ausnahmeregelungen in Deutschland?

Dorothea Oelfke

Das Wort *Patchworkfamilie* ist hierzulande kein Fremdwort mehr. Der Duden bezeichnet es als „umgangssprachlich" für moderne Familien, der Büchermarkt bietet unzählige Ratgeber an, die das „neue Miteinander" in den neu zusammengesetzten Familien erleichtern sollen. Patchworkfamilien, also Familien, „in denen von unterschiedlichen Eltern stammende Kinder leben, die aus der aktuellen oder einer früheren Beziehung der Partner hervorgegangen sind"[1], sind keine Seltenheit mehr in der heutigen Gesellschaft. Aus Statistiken des Statistischen Bundesamts geht hervor, dass die Zahl der Eheschließungen in Deutschland kontinuierlich abnimmt, während die Zahl der Scheidungen steigt. So lag die Anzahl der Ehescheidungen pro 1000 Einwohner 1950 noch bei einem Wert von 1,9, im Jahr 2011 bei 2,3[2]. „Bis dass der Tod euch scheidet", scheint langsam aber sicher als Lebensmodell außer Mode zu geraten. Ob diese Entwicklung nun wünschenswert ist oder nicht sei dahingestellt, sie stellt jedoch ein unbestreitbares soziales Faktum dar.
Wie weit die Ansichten der katholischen Kirche teilweise von dieser Lebensrealität entfernt liegen, zeigte sich im Februar dieses Jahres am Fall der Kindergarten-

---

[1] Duden Online. Abrufbar unter:
http://www.duden.de/rechtschreibung/Patchworkfamilie
[2] Statistisches Bundesamt (2006): Bevölkerung. Eheschließungen, Ehescheidungen. Abrufbar unter:
https://www.destatis.de/DE/ZahlenFakten/Indikatoren/LangeReihen/Bevoelkerung/lrbev06.html

leiterin Bernadette Knecht. Der 47-jährigen Pädagogin, die seit neun Jahren einen katholischen Kindergarten in Rauschendorf bei Bonn leitete, wurde zum 30. Juni 2012 gekündigt, weil sie mit ihrem Lebenspartner zusammenzog, nachdem ihre vorherige Ehe in die Brüche gegangen war. Der Arbeitsvertrag, den Knecht beim Antritt unterzeichnete, sah laut Ortspfarrer Udo Schiffers vor, dass das Beschäftigungsverhältnis Knechts der „Grundordnung des kirchlichen Dienstes im Rahmen kirchlicher Arbeitsverhältnisse" unterliege und die Pädagogin daher die „Grundsätze der katholischen Glaubens- und Sittenlehre anerkennen und beachten" müsse (Horstkotte 2012)[3]. Der Einzug bei einem neuen Lebenspartner nach der Trennung von ihrem Ehemann sei mit dieser Lehre nicht vereinbar und verstoße gegen die im Arbeitsvertrag geforderte Loyalität zur Kirche.

Dieser Fall ist eines vieler Beispiele für die Sonderstellung der Kirche in Deutschland. Grund dafür sind Regelungen, die noch aus der Weimarer Verfassung von 1919 direkt ins Grundgesetz übernommen wurden.[4] „Zwischen Laizismus und Staatskirchentum hat sich Deutschland für eine „fördernde Neutralität" des Staates gegenüber der Religion entschieden." So beschreibt die Wochenzeitung „Christ und Welt" die Position des deutschen Staates (zitiert nach Horstkotte 2012). Daraus resultieren sowohl das Steuerrecht der Kirche, als auch ihr Recht, eigene Regelungen und Bestimmungen für ihre

---

[3] Horstkotte, Hermann (2012): Arbeitgeber Kirche. Ist es Recht so? In: Christ und Welt. Ausgabe 11/2012. Hamburg: Verlag Rheinischer Merkur GmbH i.L. Abrufbar unter:
http://www.christundwelt.de/themen/detail/artikel/ist-es-recht-so/

[4] Grundgesetz für die Bundesrepublik Deutschland (GG) Artikel 140. Abrufbar unter: http://dejure.org/gesetze/GG/140.html

Arbeitnehmerinnen und Arbeitnehmer festzulegen. Nikolaus Schneider, der Vorsitzende des Rates der Evangelischen Kirche in Deutschland, rechtfertigt den sogenannten „Dritten Weg" der Kirchen durch den „Friedens- und Versöhnungsauftrag" der Kirche. Die Kirche als friedliche und versöhnliche Einrichtung muss sich laut dieser Argumentation keinem weltlichen Zwang unterwerfen, da sie ihre Probleme viel besser intern klären kann.

Ist eine solche Sonderstellung der Kirche mit Grundsätzen des heutigen Europas vereinbar? Ist es richtig, dass ein Arbeitgeber selbst entscheiden darf, welche Angelegenheiten schon zur Privats- und welche noch zur Berufssphäre gehören? Die Gewerkschaft ver.di gibt mit ihrer Auszeichnung diakonischer Arbeitgeber mit dem „schwarzen Schaf" eine klare Antwort auf diese Frage. Sie bemängelt das Beharren der Kirche auf ihrem Sonderarbeitsrecht und fordert auch innerhalb des kirchlichen Sektors die Orientierung an allgemeinen, weltlichen Standards.[5] In Deutschland betrifft das kirchliche Arbeitsrecht immerhin knapp 1,4 Millionen ArbeitnehmerInnen.[6]

Doch nicht nur Menschen, die ihre private Lebensführung nicht mit den Dogmen der Kirche vereinbaren können, stoßen hierzulande immer noch auf Probleme

---

[5] Verdi (2012): Nachrichten. Schwarzes Schaf für diakonische Arbeitgeber. Abrufbar unter:
http://www.verdi.de/themen/nachrichten/++co++aa3afd22-bbac-11e1-5642-0019b9e321cd

[6] EKD (2012): Vortrag von Nikolaus Schneider „Faire Arbeitsbedingungen durch den Dritten Weg- Aktuelle Anforderungen an das kirchliche Arbeitsrecht." Abrufbar unter:
http://www.ekd.de/vortraege/schneider/20120305_schneider_dritter_weg.html

bei der Ausübung ihres Berufs. In Bayern beispielsweise kann die Mitgliedschaft bei der Partei DIE LINKE Grund für den Ausschluss aus dem öffentlichen Dienst sein. „Die Einstellung von Mitgliedern der Linkspartei sei nicht grundsätzlich ausgeschlossen", zitiert die Onlineausgabe der Wochenzeitung DIE ZEIT den bayrischen Innenminister Joachim Herrmann. Es sei jedoch „richtig und notwendig, bei einem Mitglied der Linkspartei, das sich für den Staatsdienst bewirbt, genau hinzuschauen."[7] Eine Praxis, die eher an den 1972 in Kraft getretenen Radikalenerlass erinnert, als an politische Offenheit und Toleranz. Der viel kritisierte und schließlich 1979 auf Bundesebene abgeschaffte Radikalenerlass, der sowohl während seiner siebenjährigen Existenz als auch darüber hinaus für viel Aufruhr in der BRD gesorgt hatte, legalisierte die Entlassung bzw. Ablehnung von im öffentlichen Dienst Beschäftigten, die im Verdacht standen, verfassungsfeindliche Ansichten zu hegen. Er verpflichtete BeamtInnen, sich „innerhalb und außerhalb des Dienstes" für die Erhaltung der freiheitlichen, demokratischen Grundordnung im Sinne des Grundgesetzes einzusetzen und verweigerte ca. 1.100 BewerberInnen willkürlich, oft auf Grund von Verdachtsmomenten, den Eintritt in den öffentlichen Dienst.[8] Bayern, welches 1991 als letztes Bundesland den „Radikalenerlass" abgeschafft hatte, scheint diesen Schritt lediglich auf dem Papier gegangen zu sein. In der bayerischen Belehrung zur Verfassungs-

---

[7] ZEIT ONLINE (2012): Linkspartei sieht sich Berufsverboten ausgesetzt. Abrufbar unter:
http://www.zeit.de/politik/deutschland/2012-01/linke-bayern-extremismus
[8] WDR (2006): Berufsverbot für linke Gesinnung. Abrufbar unter: http://www1.wdr.de/themen/archiv/stichtag/stichtag1570.html

treue, die Verpflichtungserklärung zur Verbeamtung, heißt es: „Mit dieser Verpflichtung des Beamten ist insbesondere unvereinbar jede Verbindung mit einer Partei, Vereinigung oder Einrichtung, die die freiheitlich demokratische Grundordnung im Sinnes des Grundgesetzes und der Bayerischen Verfassung ablehnt oder bekämpft [...]."[9] Eine beigefügte Liste nennt im Bezug darauf neben einigen rechts- als auch linksextremistischen Parteien und Organisationen auch DIE LINKE.

In der europäischen Grundrechtecharta ist das Recht jedes/r EU-BürgerIn festgehalten, einen „frei gewählten oder angenommenen Beruf auszuüben". Der Fall der Kindergartenleiterin Bernadette Knecht lässt Fragen hinsichtlich der Umsetzung dieser Grundfreiheit offen. Die kirchliche Sonderstellung erwirkt in ihrem Fall ein faktisches Berufsverbot. Auch der Ausschluss aus dem Staatsdienst von Angehörigen von Parteien mit subjektiv unangenehmen politischen Standpunkten steht im eindeutigen Widerspruch zu diesem Grundsatz. Die Intention der europäischen Grundrechtecharta, die als eine klar formulierte Aufstellung von Grundrechten der BürgerInnen Europas einen weiteren Schritt Europas hin zu einer europäischen Rechts- und Wertegemeinschaft bedeuten soll, ist es, Grundrechte der BürgerInnen Europas gegenüber (Rechts)akten der Mitgliedsstaaten und den Organen der Europäischen Union zu schützen.[10]

---

[9]http://www.regierung.oberbayern.bayern.de/imperia/md/content/regob/internet/dokumente/formulare/f_bereich4/sg_43/43_3 90_i.pdf
[10] Europäisches Parlament (2012): EU-Grundrechtecharta. Abrufbar unter:

In Artikel 15 heißt es:
(1) Jede Person hat das Recht, zu arbeiten und einen frei gewählten oder angenommenen Beruf auszuüben.
(2) Alle Unionsbürgerinnen und Unionsbürger haben die Freiheit, in jedem Mitgliedstaat Arbeit zu suchen, zu arbeiten, sich niederzulassen oder Dienstleistungen zu erbringen.
(3) Die Staatsangehörigen dritter Länder, die im Hoheitsgebiet der Mitgliedstaaten arbeiten dürfen, haben Anspruch auf Arbeitsbedingungen, die denen der Unionsbürgerinnen und Unionsbürger entsprechen.[11]

Die Grundrechtecharta wurde vom Europäischen Rat im Jahr 2000 als Empfehlung und Referenztext angenommen. 2009 wurde sie dem Vertrag von Lissabon als Erklärung beigefügt und hat damit verbindlichen Rechtscharakter erlangt. Die europäischen Institutionen wenden sie als Grundrechtsmaßstab an und die in ihr verbrieften Rechte sind vor dem Europäischen Gerichtshof (EuGH) einklagbar. Dieser Schutz der Bürgerinnen und Bürger Europas ist es, der die Europäische Union auszeichnen sollte. Das Durchsetzen gleicher Rechte und weltlicher Standards, die europaweit funktionieren und das Leben der Menschen auf dem europäischen Kontinent zu einer tatsächlichen Wertegemeinschaft zusam-

---

http://www.europarl.europa.eu/aboutparliament/de/00d2ba579f/EU-Grundrechtecharta.html
[11] Europäisches Parlament (2000): Charta der Grundrechte der Europäischen Union. Artikel 15.18.12.2000 DE Amtsblatt der Europäischen Gemeinschaften C 364/11 Abrufbar unter: www.europarl.-europa.eu/charter/pdf/text_de.pdf

menwachsen lassen, sollte das gemeinsame Ziel sein. Verschiedene Sonderrechte für Einrichtungen wie die Kirche oder Bundesländer wie Bayern sollten nur in dem Maße gewährt werden, wie sie eben diese Grundrechte zu schützen vermögen. Der Fall von Bernadette Knecht wird noch auf deutschem Rechtsweg verhandelt; im bayerischen Freistaat zeichnet sich derzeit keine Debatte im über politische Meinungs- und Partizipationsfreiheit ab – vielleicht würde ein Urteil des EuGH helfen, auch in Deutschland flächendeckend zur Einhaltung der europäischen Standards im Bereich der Berufsfreiheit zu ermahnen.

―――――――――

Referenzen
Christ und Welt (2012): Arbeitgeber Kirche. Ist es Recht so? In: Ausgabe 11/2012. Hamburg: Verlag Rheinischer Merkur GmbH i.L. Abrufbar unter:
http://www.christundwelt.de/themen/detail/artikel/ist-es-recht-so/ (zuletzt eingesehen am 12.09.2012)
EKD (2012): Vortrag von Nikolaus Schneider „Faire Arbeitsbedingungen durch den Dritten Weg- Aktuelle Anforderungen an das kirchliche Arbeitsrecht." Abrufbar unter:
http://www.ekd.de/vortraege/schneider/20120305_schneider_dritter_weg.html (zuletzt eingesehen am 12.09.2012)
Grundgesetz für die Bundesrepublik Deutschland (GG) Artikel 140. Abrufbar unter: http://dejure.org/gesetze/GG/140.html (zuletzt eingesehen am 12.09.2012)
Regierung von Oberbayern: Verfassungstreue im öffentlichen Dienst. Abrufbar unter:
http://www.regierung.oberbayern.bayern.de/imperia/md/content/regob/internet/dokumente/formulare/f_bereich4/sg_43/43_390_i.pdf (zuletzt eingesehen am 19.09.2012)

Statistisches Bundesamt (2006): Bevölkerung. Eheschliessungen, Ehescheidungen. Abrufbar unter: https://www.destatis.de/DE/ZahlenFakten/Indikatoren/LangeReihen/Bevoelkerung/lrbev06.html (zuletzt eingesehen am 12.09.2012)

Verdi (2012): Nachrichten. Schwarzes Schaf für diakonische Arbeitgeber. Abrufbar unter: http://www.verdi.de/themen/nachrichten/++co++aa3afd22-bbac-11e1-5642-0019b9e321cd (zuletzt eingesehen am 12.09.2012)

WDR (2006): Berufsverbot für linke Gesinnung. Abrufbar unter: http://www1.wdr.de/themen/archiv/stichtag/stichtag-1570.html (zuletzt eingesehen am 12.09.2012)

ZEIT ONLINE (2012): Linkspartei sieht sich Berufsverboten ausgesetzt. Abrufbar unter: http://www.zeit.de/politik/deutschland/2012-01/linke-bayern-extremismus (zuletzt eingesehen am 12.09.2012)

Artikel 18: Asylrecht
Flucht in die ‚Festung' Europa

Christoph Wieboldt

Sommer 1991: Der durch den Zusammenbruch der Sowjetunion und damit auch der Planwirtschaft ausgelöste Transformationsprozess führt in Albanien zu einer Wirtschaftskrise; tausende AlbanerInnen sehen unter widrigsten Umständen ihre einzige Überlebenschance in der Flucht über die Adria nach Italien. Inmitten der idyllischen Vorfreude auf Ferragosta wird Italien nun konfrontiert mit Menschen in größter Not. Italiens Reaktion schlägt Wellen: Die Carabinieri scheuchen Flüchtlinge durch die Hafenstadt Baris, in einem Stadion werden AlbanerInnen unter menschenunwürdigen Zuständen zusammengepfercht – *Der Spiegel* schrieb damals von einer „Treibjagd" auf Flüchtlinge, machte aufmerksam auf „häßliche Zusammenstöße" (Der Spiegel 1991:121) zwischen italienischen und albanischen Menschen. Als Reaktion ruft Italiens Regierung die nationale ‚emergenza', den Notstand, aus. Die ‚Operation Pelikan' bedeutet die militärische Besetzung albanischer Häfen und der Adria. Von vornherein wird hilfsbedürftigen Menschen jegliche Möglichkeit auf Flucht aus einer Situation des Elends genommen. Italiens Flüchtlingspolitik wird unter dem Notstandsgesetz zu einer „Mischung aus Legalisierung, Abschiebung und Militarisierung der Adria und der albanischen Küste" (Forschungsgesellschaft Flucht und Migration 2002:13). Mit diesem militärisch-präventiven Modell verstößt Italien gegen den in Artikel 14a der Allgemeinen Erklärung der Menschenrechte geäußerten

Grundsatz, wonach allen Menschen[1] ein Recht auf Flucht garantiert wird, ganz gleich wie letztlich der Ausgang eines regulären Asylbewerbungsverfahren aussieht. Die späten 1980er und frühen 1990er Jahre stellen die Europäische Union (EU) vor neue Aufgaben: Die zunehmende Integration im Bereich des Binnenmarktes[2] und der Wegfall der innereuropäischen Grenzkontrollen – befördert durch das Schengener Abkommen und die Einheitliche Europäische Akte 1986 – forderten die Regulierung von Migrationspolitik, insbesondere der Sicherung der europäischen Außengrenzen (Hix/ Hoyland 2011). Kritik an dem italienischen Notstandsmodell der frühen 1990er Jahre wurde auf europäischer Ebene kaum laut. Die ‚Operation Pelikan' fand stattdessen ihr jähes Ende in einem „Strudel von Korruption und Skandalen" (Forschungsgesellschaft Flucht und Migration 2002:13). Dieses militaristische Notstandsmodell konnte aber doch kaum als Vorbild für ein gemeinsames europäisches Projekt gesehen werden.

Dezember 2010: Der Gemüseverkäufer Mohamed Bouazizi setzt sich aus Protest gegen die autoritäre Unterdrückungsmaschinerie in Tunesien selbst in Brand und entfacht damit in der arabischen Welt eine Revolution, die sich bis zum jetzigen Zeitpunkt fortsetzt. Seit Jahrzehnten bestehende Diktaturen werden gestürzt, alt-

---

[1] In Artikel 14b der Allgemeinen Erklärung der Menschenrechte wird dieses Recht begrenzt: „Im Falle einer Strafverfolgung, die tatsächlich auf Grund von Verbrechen nichtpolitischer Art oder auf Grund von Handlungen erfolgt, die gegen die Ziele und Grundsätze der Vereinten Nationen verstoßen", findet 14a keine Anwendung.
[2] Eine gute Übersicht über die Integration im Binnenbereich bietet Hix/Hoyland (2011): EU Interior Policies. From Free Movement of Workers to an Emerging European State S. 275-288.

eingesessene Machtverhältnisse werden durch erbitterte Kämpfe umgeworfen und somit – vorübergehend – ein hoher Grad an politischer und militärischer Instabilität in den jeweiligen Staaten erzeugt. Diese Instabilität sollte – wie später näher beleuchtet wird – zugleich Motivation und Möglichkeit zu erhöhten Fluchtbestrebungen sein. Die Mittelmeerinsel Lampedusa wurde im Sommer 2011 zu einem Auffangbecken für tausende Menschen auf der Flucht, das italienische Militär eröffnete wieder die „eigentlich geschlossenen Flüchtlingslager" (Süddeutsche.de 2011). Das Interesse der europäischen Öffentlichkeit war geweckt für diese dramatischen Bilder, die verzweifelte Menschen hinter Gittern zeigten. Plötzlich stand eine Thematik auf der öffentlichen Agenda, die doch so lange ein Schattendasein pflegte – die europäische Flüchtlingspolitik.

Die Art und Weise, wie die Europäische Union Asyl- und Flüchtlingspolitik betreibt, hat ihr die etwas abschätzige Beschreibung ‚Festung Europa' eingebracht; ein Ausdruck, der zwar auf reale Sachverhalte hinweist, allerdings vor dem Arabischen Frühling kaum medienwirksame Anwendung fand. Basis für den Politikbereich in der EU sind die Genfer Flüchtlingskonvention, die Allgemeine Erklärung der Menschenrechte und Artikel 18 der EU-Grundrechtecharta. Diese garantieren sowohl das Recht auf Asyl als auch das Prinzip der Nicht-Zurückweisung. Doch spätestens seit den für die westliche Welt traumatischen Ereignissen vom 11. September 2001 in New York und 11. März 2004 in Madrid verfolgte die EU, unter Berücksichtigung neuer sicherheitspolitischer Erwägungen, eine stark restriktive Einwanderungspolitik (Bendel 2006). Die Kontrolle des Mittelmeeres nimmt dabei eine besondere Rolle ein.

Christopher Hein, Geschäftsführer des italienischen Flüchtlingsrates, macht darauf aufmerksam, dass gegenwärtig der Großteil, nämlich „über 90 Prozent" der AsylbewerberInnen zum illegalen Weg der Einwanderung „gezwungen" (Hein 2011:12) wird. Dieser illegale Weg folgt entweder dem Landweg durch das Nahost-Gebiet und die Türkei oder eben über das mittlerweile streng bewachte Mittelmeer.

Grund für diese illegale Einwanderung findet sich für Hein im „immer ausgefeiltere[n] Schengen-System" (ebd.): Einheitliche Listen für Visumspflicht, Externalisierung der Kontrollen in Drittstaaten, bilaterale Verträge mit diesen Staaten, immer effektivere und „ausgefallenere intelligence-Leistungen" (ebd.) durch FRONTEX (z.B. das Fingerabdrucksystem EURODAC) beschneiden die Möglichkeiten, über legale Wege ins verheißungsvolle Europa zu kommen, deutlich. Auch Pro Asyl, eine Mitte der 1980er Jahre in Deutschland gegründete Menschenrechtsorganisation, macht auf die bedenklichen Entwicklungen aufmerksam:

„Die EU hat in den letzten Jahren fast alle Zugangsmöglichkeiten zu ihrem Territorium verschlossen. In der Regel braucht man für die Einreise ein Visum. Visa für Flüchtlinge gibt es aber nicht. Sie müssen mit falschen Papieren fliehen oder den gefährlichen Weg heimlich über die Grenze wagen." (Pro Asyl 2012)

Die kritisierte Externalisierung der Kontrollen ist systematisch und keineswegs informell: Da die nordafrikanischen Länder Transitstaaten darstellen, über die Flüchtlinge aus ganz Afrika versuchen, nach Europa zu gelangen, gingen europäische Regierungen Schulterschlüsse mit autoritären Herrschern Nordafrikas ein. Im Rahmen formeller bilateraler Verträge wurden straffe Maßnahmen gegen irreguläre Auswanderung geschaffen und effektive Schiffpatrouillen an der nordafrikanischen Küste durchgeführt. Die Dublin-Konvention, die 2003 durch die Dublin-II-Verordnung[3] abgelöst wurde, tat indes ihr Übriges, um die Kooperation zwischen europäischen Regierungen und den nordafrikanischen Staaten beizubehalten: Denn für die Mittelmeeranrainerstaaten der EU bedeutete die Verordnung die Notwendigkeit, effektiv gegen Flüchtlingsbewegungen anzukämpfen. Die ihr zugrunde liegende Bestimmung ist, jenen Mitgliedsstaat für das Asylbewerbungsverfahren verantwortlich zu machen, über den ein Flüchtling als erstes in das Territorium der EU eintrat. Ein Großteil der Asylanträge muss somit von den Mittelmeeranrainerstaaten übernommen werden, wie das Hohe Flüchtlingskommissariat der Vereinten Nationen schon im Jahr 2006 deutlich machte (vgl. UNHCR 2006:1). Die Zuweisung von Kosten durch dieses ‚one state only'-Prinzip (vgl. Haase/Jugl 2007) stellt somit den Kern der *gemeinsamen* europäischen Asyl- und Flüchtlingspolitik dar. Angestoßen durch das Haager Programm wurde im Jahr 2004 mit der europäischen Grenzschutztruppe FRONTEX eine Organisation geschaffen, die mit militärischer Ausrüstung die Küsten Europas patrouilliert und durch sogenannte Rückführungsaktionen das Notwendige tut, um einmal aufgespürten Flüchtlingsbooten den

---

[3] Einzelheiten und Prozedur der Dublin-II-Verordnung (auch auf nationalstaatlicher Ebene) werden anschaulich dargestellt in: Bundesamt für Migration und Flüchtlinge (2011): Das Bundesamt in Zahlen. Asyl, Migration, ausländische Bevölkerung und Integration. S. 38-44

Weg gen Heimat zu weisen. Als staatenloser Raum nimmt das Mittelmeer hier eine besondere Rolle ein, die durch die europäische Flüchtlingspolitik gnadenlos ausgenutzt wird: Hier, auf neutralem Grund, gelten die Grundsätze der GFK nicht, auch auf das in der Allgemeinen Erklärung der Menschenrechte zugesicherte Recht auf Asyl können sich Flüchtlinge hier nicht berufen. Sie werden stattdessen von FRONTEX auf dem schnellsten Wege zurückgeschickt. Dass die Flüchtlinge überdies mit dem Mittelmeer den ‚illegalen Weg' nach Europa suchen, gibt FRONTEX weitere Autorität, diesen Menschen den Zugang zum europäischen Raum zu verwehren. Eine viel und heftig umstrittene Methode.

Die Tatsache, dass die EU statt einer *Flüchtlings-* vielmehr eine *Grenz*schutzorganisation aufgebaut hat, folgt einer ebenso simplen Logik: Hilfe für die Flüchtlinge ist ein Flüchtlingsanreiz, wohingegen ein rigides Grenzschutzprogramm auf mögliche AsylbewerberInnen äußerst abschreckend wirkt. Neben wachsender finanzieller Mittel und daraus entstehender militärischer Stärke besitzt die Institution FRONTEX damit einen höchst symbolischen Wert (Keller /Lochbihler/Lunacek 2011). Die europäische Asyl- und Flüchtlingspolitik vereint folglich beide Komponenten, die schon für die ‚Operation Pelikan' so charakteristisch waren: *Militärische Präsenz* und der Versuch, die Flüchtlingsbewegungen schon *präventiv* in Drittstaaten und auf dem Mittelmeer zu verhindern. Wozu das führt, machen Statistiken von Eurostat[4] deutlich: Innerhalb einer Zeitperiode von nur vier Jahren

---

[4] Einen genauen Überblick über die Zahl der Asylanträge bietet Eurostat unter: http://epp.eurostat.ec.europa.eu/tgm/table.do?tab=table&init=1&language=de&pcode=tps00021&plugin=1

(2002-2006) wurde die Zahl der Asylanträge mehr als halbiert. Deutlich belegen diese Zahlen, wie diese Asyl- und Flüchtlingspolitik das Recht auf Asyl untergräbt. Heribert Prantl, Ressortleiter bei der *Süddeutschen Zeitung*, macht deutlich, welch enge Beziehung zwischen dem italienischen Notstandsmodell und der europäischen Asyl- und Flüchtlingspolitik liegt.

„*Italien reagierte [im Jahr 1991], als wären die Flüchtlinge aus dem Nachbarland Verbrecher, exerzierte ein Exempel der Abschreckung, forderte eine europäische Mobilmachung. Militärische Einheiten sollten in der Adria patrouillieren, um Flüchtlinge schon im Wasser abzufangen. Damals hielt man das für einen Aberwitz. Aus dem Aberwitz ist EU-Strategie geworden.*" (Prantl 2011)

Durch den Arabischen Frühling brachen mit den gestürzten Diktaturen auch die bilateralen Verträge zur Flüchtlingskontrolle ein. Diese neue Instabilität führte im Jahr 2011 zu einer relativ hohen Flüchtlingsbewegung aus den nordafrikanischen Gebieten. Trotz der vielen europäischen Solidaritätsbekundungen mit den Akteuren des Arabischen Frühlings hielten sich Willkommensgesten den Flüchtlingen gegenüber in Grenzen. Im Gegenteil: Von europäischer Seite wurde viel unternommen, um die Flüchtlingszahlen möglichst gering zu halten. Amnesty International bezifferte im Jahr 2011 die Zahl der Toten im Mittelmeer auf etwa 1.500 (vgl. taz 2012). Diese Menschen starben bei dem Versuch, in die ‚Festung Europa' zu gelangen, um ihr Recht wahrzunehmen, einen Asylantrag zu stellen. Die europäische Flüchtlingspolitik hatte sich in Dublin, Tampere und Den Haag aber zu einem Modell entwickelt, das nicht die Menschen, sondern

die Grenzen schützt und bedürftigen Menschen aus rationalem Kalkül jegliche Hilfe verwehrt.
Kern dieser Flüchtlingspolitik, die sich aus normativer Perspektive idealerweise an Europas Verantwortung[5] gegenüber der sogenannten Dritten Welt messen sollte, ist die Dublin-II-Verordnung, die eine ungleiche Verteilung der Kosten bedeutet und somit einer rigiden Mittelmeerpolitik und bilateralen Abkommen vorangeht. Doch nicht die Dublin-II-Verordnung selbst ist das Problem, sie ist vielmehr Ausdruck einer der europäischen Integration hinderlichen Denkweise. Sabine am Orde, stellvertretende Chefredakteurin der taz, stellt richtig fest, wenn sie erläutert, dass viele PolitikerInnen die „gemeinsame Verantwortung" für Flüchtlinge eben nicht „als gemeinsame begreifen" (am Orde 2012). Immer wieder sorgen innenpolitische Diskurse – die so anfällig für gefährlichen Populismus sind – für Rückstöße und Integrationshemmnisse auf europäischer Ebene, denn die Stimmen der WählerInnen werden noch immer auf nationaler Ebene umworben. Die Dublin-II-Verordnung selbst spiegelt dagegen Streitpunkte zwischen den einzelnen Mitgliedsstaaten nur wider: Als Italien Anfang 2011 vermehrt befristete Aufenthaltsgenehmigungen an Flüchtlinge ausstellte, reagierten prominente französische und deutsche Politiker mit der Ankündigung von intensiven Grenzkontrollen und beschrien den Vertragsbruch Italiens, seine Rolle als für den Asylprozess zuständiger Staat zu hintergehen (vgl. Steinfeld 2011).

---

[5] Zu Europas Verantwortung gegenüber der sogenannten „Dritten Welt" bietet Chakrabarty (2010) eine lesenswerte Perspektive. Die Einbettung der ehemalig kolonisierten Staaten in ein existierendes westlich-geprägtes Staaten- und Wirtschaftssystem wird eindrücklich erklärt in Le Monde diplomatique (2009).

Thomas Steinfeld bringt dieses Phänomen ganz trefflich auf den Punkt, wenn er in diesem Zusammenhang schreibt:

„Wer vom Niedergang der Nationalstaaten und ihrer wechselseitigen Konkurrenz spricht, scheint sich getäuscht zu haben. Die Idee der Menschenrechte klingt universell. [...] Wenn aber afrikanische Flüchtlinge mit italienischen Papieren an der französischen Grenze stehen, ist Frankreich Nationalstaat – und lässt sie nicht herein." (ebd.)

So fällt das Fazit recht ernüchternd aus: Das Recht auf Asyl wird untergraben – das zeigt die weiter oben dargelegte Abnahme der Zahl der Asylanträge deutlich. Somit wird eines besonders deutlich: Die europäische Asyl- und Flüchtlingspolitik ist von Nationalismen überlagert, aber sie ist eben das, was zum Beispiel die gemeinsame Außenpolitik nicht ist: Äußerst effektiv. Für mehr als 1.500 Menschen bedeutete sie vergangenes Jahr den Tod im Mittelmeer. Und diese rigide Politik wird einfach fortgeführt: Italien schmiedet auch nach dem Tod des libyschen Diktators Ghaddafi an Verträgen mit der neuen Regierung, die wird das italienische Geld dankend annehmen. Ferner wird nachgedacht über – um es mit den Worten des Flüchtlingsrat-Chefs Hein zu sagen – „immer ausgefallenere intelligence-Leistungen": Ein ausgeklügeltes Satellitensystem soll nicht nur das Mittelmeer, sondern zudem auch nordafrikanische Staaten selbst mittels Wärmesensor nach Flüchtlingen überwachen und somit den Übergang der Flüchtlinge in europäisches Territorium noch weiter verhindern. Und in den Leitartikeln von angesehenen Zeitungen wird immer deutlicher, in welche inhumane Richtung sich ein gemeinsames europäisches Asylsystem bewegen wird (vgl. Prantl 2012).

Wir sollten uns vor allem eines klar machen: Uns steht *keine Masseneinwanderung* nach Europa bevor; gegenläufige Annahmen wurden bereits vor dem Zusammenbruch der Sowjetunion Ende der 1980er Jahre und vor der Ost-Erweiterung im Jahre 2004 laut und mittlerweile deutlich widerlegt (vgl. „Nettozuwanderung" in: OECD 2010). Doch dass wir diese Tatsache nicht begreifen und uns ferner unserer Verantwortung gegenüber Menschen in Not nicht bewusst werden, erscheint doch nur konsequent, wenn selbst eine europäische „gemeinsame Verantwortung" nicht als solche wahrgenommen wird. Asyl in Europa wird damit wohl vorerst das bleiben, was Heribert Plantl so treffend als *Fata Morgana* umschreibt: „Schön, aber unerreichbar" (Prantl 2011).

Referenzen

Am Orde, Sabine (2012): Und ewig droht die Innenpolitik. In: Die Tageszeitung, 20.4.12. Abrufbar unter: http://www.taz.de/!91903/ (zuletzt aufgerufen am 15. August 2012)

Bendel, Petra (2006): Neue Chancen für die EU-Migrationspolitik? Die Europäische Union im Spagat zwischen Sicherheits-, Entwicklungs- und Außenpolitik, In: Butterwegge, Christoph/ Hentges, Gudrun (Hrsg.): Zuwanderung im Zeichen der Globalisierung. Migrations-, Integrations- und Minderheitenpolitik, VS Verlag für Sozialwissenschaften: Wiesbaden, S. 123 – 134.

Chakrabarty, Depish (2010): Europa als Provinz. Perspektiven postkolonialer Geschichtsschreibung. Campus Verlag, Frankfurt am Main

Der Spiegel (1991): Gefährlicher Sommer. In: Der Spiegel 33/1991 S. 121-122

Forschungsgesellschaft Flucht und Migration (2002): Italien. Legalisierung von Flüchtlingen – Militarisierung der Grenzen? In: FFM. Heft 8, Gegen die Festung Europa. Abrufbar unter: http://www.ffm-berlin.de/italien.pdf (zuletzt aufgerufen am 15. August 2012)

Haase, Marianne/Jugl, Jan (2007): Asyl- und Flüchtlingspolitik der EU. Abrufbar unter:
http://www.bpb.de/gesellschaft/migration/dossier-migration/56551/asyl-fluechtlingspolitik?p=all
(zuletzt aufgerufen am 15. August 2012)

Hein, Christian (2011): Zugang zur EU – Zugang zum Rechtsschutz. In: Grenz- statt Menschenschutz? Asyl- und Flüchtlingspolitik in Europa. Heinrich Böll Stiftung, Juli 2011. S. 12-16

Hix, Simon/Høyland, Bjørn (2011): Interior policies. EU Interior Policies: From Free Movement of Workers to an Emerging European State. In: The Political System of the European Union. Palgrave Macmillan, S. 273-301

Le Monde diplomatique (2009): Atlas der Globalisierung. Sehen und verstehen, was die Welt bewegt. Le Monde diplomatique/taz Verlags- und Vertriebs GmbH, Berlin

Lochbihler, Barbara/Keller, Ska/Lunacek, Ulrike (2011): Ist die Agentur Frontex vereinbar mit den Menschenrechten? Eine Studie von Migreurop über die europäische Agentur an den Außengrenzen im Hinblick auf die Neufassung ihres Mandats. Die Grünen/EFA. Abrufbar unter:
http://www.barbara-lochbihler.de/cms/upload/PDF_2011/-Frontex-Studie_Maerz2011_deutsch_final.pdf (zuletzt aufgerufen am 15. August 2012)

OECD (2010): "Migrationstrends", in Die OECD in Zahlen und Fakten 2010: Wirtschaft, Umwelt, Gesellschaft, OECD Publishing.

Prantl, Heribert (2011): Europäische Flüchtlingspolitik. Gestorben an der Hoffnung. In: Süddeutsche Zeitung 4.8.2011. Abrufbar unter:

http://www.sueddeutsche.de/politik/europaeische-fluechtlingspolitik-gestorben-an-der-hoffnung-1.1128073 (zuletzt aufgerufen am 15. August 2012)

Prantl, Heribert (2012): Asylrecht. Flüchtlinge als Verbrecher. In: Süddeutsche Zeitung, 18.6.12. Abrufbar unter: http://www.sueddeutsche.de/politik/asylrecht-der-fluechtling-als-verbrecher-1.1385214 (zuletzt aufgerufen am 15. August 2012)

Pro Asyl (2012): Asyl in Europa: Sterben auf der Flucht. Abrufbar unter: http://www.proasyl.de/de/themen/basics/basiswissen/asyl-in-europa/ (zuletzt aufgerufen am 15. August 2012)

Steinfeld, Thomas (2011): Flüchtlingspolitik in Europa. Der Schein von Gemeinschaft. In: Süddeutsche Zeitung, 20.4.11. Abrufbar unter: http://www.sueddeutsche.de/politik/fluechtlingspolitik-in-europa-gefangen-im-existenziellen-ausnahmezustand-1.1087376-2 (zuletzt aufgerufen am 15. August 2012)

Süddeutsche Online (2011): Flüchtlingsstrom nach Italien. Endstation Lampedusa. Auf: Süddeutsche.de, 14.2.11. Abrufbar unter: http://www.sueddeutsche.de/politik/fluechtlingsstrom-nach-italien-endstation-lampedusa-1.1059668 (zuletzt aufgerufen am 15. August 2012)

taz (2012): EU-Flüchtlingspolitik. Etliche vermeidbare Todesfälle. In: taz, 13.6.12. Abrufbar unter: http://www.taz.de/!95251/ (zuletzt aufgerufen am 15. August 2012)

UNHCR (2006): The Dublin II Regulation: A UNHCR Discussion Paper. Brüssel, Belgien. Abrufbar unter: http://www.unhcr.org/refworld/pdfid/4445fe344.pdf (zuletzt aufgerufen am 15. August 2012)

Artikel 19: Schutz bei Abschiebung
Wer gehört in Frankreich dazu?

Sophia Kleinmann

Seit der Ratifizierung des Lissaboner Vertrages gilt auch die EU-Grundrechtecharta als formal und rechtlich bindend (Weber 2002). Trotz der hohen normativen Ansprüche, die mit solch einem Dokument an die EU-Mitgliedsstaaten gestellt werden, eigen sich bei der Umsetzung grundlegende Mängel. Ein wichtiger Zielanspruch (auch in der Europäischen Grundrechtecharta) bildet z.B. das sehr alte, demokratietheoretische Ideal der absoluten Gleichheit aller Mitglieder der Gesellschaft vor dem Gesetz und die gleichzeitige Gewährleistung der individuellen Freiheit (Schmidt 2010:462, 464). So stellte Tocqueville einen fundamentalen Zielkonflikt zwischen dieser angestrebten Freiheit und Gleichheit fest, in dem er ausschloss, dass eine stärker werdende Gleichheit aller Menschen gleichzeitig zu einer Erhöhung der individuellen Freiheit führen kann. Außerdem warnte er vor der 'Tyrannei der Mehrheit', wenn Mehrheiten einfach über Minderheiten hinweg entscheiden könnten. Schmidt merkt des Weiteren an, dass Demokratie eigentlich alle Menschen unabhängig ihres Status' einbeziehen möchte, gleichzeig aber exklusiv vorgehen würde, in dem zwischen StaatsbürgerInnen und anderen unterschieden werden würde (vgl. 2010:462).
Die genannten Problematiken sollen im Folgenden am Beispiel des Artikels 19 „Schutz bei Abschiebung, Ausweisung und Auslieferung" der Europäischen Grundrechtecharta dargestellt werden. Dabei wird im ersten Schritt auf den Verstoß gegen Artikel 19 durch die Abschiebungen von Angehörigen der Minderheit der Roma

2010 in Frankreich eingegangen; danach auf eine umfassendere Bedeutung der „Abschiebung".

Am 29.07.2010 kündigte der damalige Außenminister Alain Juppé an, kriminelle Angehörige der Minderheit der Roma abschieben zu wollen und die Hälfte der illegalen Lager, in denen Angehörige der Roma leben, zu schließen. Auslöser dieser politischen Maßnahmen waren Unruhen, die durch den Tod eines jungen Roma bei einer Verkehrskontrolle der französischen Polizei ausgelöst wurden. Daraufhin begannen Abschiebungsverfahren, wobei nicht nur einzelne Personen, sondern auch ganze Familien des Landes verwiesen wurden. Die französische Regierung bezifferte dabei die Abschiebungen als „freiwillige Rückkehr", da pro Person eine Rückkehrprämie bezahlt wurde. Bis Ende August sollten bis zu 900 Personen abgeschoben werden. Betroffen waren vor allem rumänische und bulgarische StaatsbürgerInnen, deren Aufenthaltsstatus in der Regel bereits abgelaufen war. Kurz darauf kündigte die französische Regierung außerdem an, eine Datenbank einrichten zu wollen, um die erneute Einreise der abgeschobenen Personen zu verhindern.

Die Politik Frankreichs führte zu einer starken kritischen Resonanz. So wurden die Abschiebepraktiken durch den französischen Staat von verschiedenen Initiativen, Organisationen und europäischen Institutionen als stigmatisierend und rassistisch eingestuft. Um der vertriebenen Roma-Bevölkerung zu helfen, kündigte zum Beispiel die Stadt Saint-Denis den Aufbau eines Roma-Lagers an. Anfang September gingen außerdem bis zu 100.000 Personen in 135 verschiedenen Städten auf die Straße, um gegen die Politik der französischen Regierung zu protestieren. Auch innerhalb der französischen, politischen Elite kam es zu Differenzen. Dem damaligen Präsidenten Nicolas Sarkozy wurde mit dem Vorgehen gegenüber Roma-Angehörigen vor allem taktisches Kalkül vorgeworfen, um im Vorfeld der bevorstehenden Wahlen, Stimmen aus dem rechten Lager einholen zu können. Auf institutioneller Ebene folgte am 27. August 2010 ein Aufruf des „UN-Ausschusses zur Beseitigung der Rassendiskriminierung", die Massenausweisungen von Sinti und Roma zu stoppen. Kurz darauf wurden der französische Einwanderungsministers Eric Bressons und der französische Europa-Staatssekretär Pierre Lellouche durch die EU-Justizkommissarin Vivanne Reding vorgeladen und aufgefordert, das französische Recht an europäisches Recht anzupassen. Die Forderungen der EU bezogen sich vor allem auf die Prinzipien der Freizügigkeit und die Nicht-Diskriminierung. Als die französische Regierung jedoch den Forderungen der EU nachkam und die EU-Regelungen zur Niederlassungsfreiheit vollständig (nach Aussage der Kommission) in nationales Recht umsetzte, wurde von einem zuvor angedachten Strafverfahren gegen Frankreich abgesehen.

In fast allen europäischen Ländern und trotz der starken Heterogenität sind Roma von Diskriminierung/ Stigmatisierung und Verfolgung betroffen, welche als Hauptursache für die fatale Situation der Roma gilt (FRA 2009, Krauß 2007). Dabei handelt es sich im Konkreten um die Stigmatisierung, Diskriminierung und Verfolgung von Menschen, die vermeintlich als „Zigeuner" (Roma) betrachtet werden. Der Begriff „Zigeuner" ist eine von der Mehrheitsgesellschaft festgelegte Fremdbestimmung. Er verkörpert Stereotype und Vorurteile, die von der Mehrheitsgesellschaft weitergelebt werden, aber mit der Lebenswirklichkeit kaum etwas gemeinsam hat (End

2011:15f). Das Problem an Vorurteilen ist, dass sie meistens in diskriminierende Handlungen übergehen, die die betroffenen Personen massiv einschränken und benachteiligen. Sie dienen dazu, Abgrenzungen zwischen vermeintlich unterschiedlichen Gruppen zu schaffen. Dabei werden bestimmte Gruppierungen (i.d.R. Minderheiten) auf Stereotype und Klischees reduziert. Durch diese Form von Identitätspolitik wird von der Mehrheitsgesellschaft ein „Wir-Gefühl" gegenüber anderen, „nicht der Gesellschaft zugehörigen Personen" postuliert (ebd., Holland-Cunz 2003:228). Stereotypische Beschreibungen von Roma waren auch im französischen Fall deutlich zu erkennen: So ist ein weitverbreitetes Vorurteil, dass „Zigeuner" vom Broterwerb anderer Leben würden, da sie Arbeits- und Eigentumsverhältnisse nicht akzeptieren würden. Diese Vorstellung impliziert auch Bilder von „Zigeunern", die stehlen, betrügen und betteln (End 2011:20).

Über diese Stigmatisierungen hinaus werden Roma in verschiedenen, gesellschaftlichen Bereichen europaweit benachteiligt. So ist die Arbeitslosenquote unter Angehörigen der Roma im Vergleich zum Rest der europäischen Bevölkerung viel höher, was auch mit einem schwierigen Zugang zum Arbeitsmarkt erklärt werden kann. Eine hohe Armutsquote ist die Folge. Armut und Arbeitslosigkeit stellen zwei Hauptgründe dar, weswegen Roma aus ihren Herkunftsländern emigrieren (Heun 2011, FRA 2009). Weiterhin leben viele Angehörige in prekären, z.B. unhygienischen und übervölkerten Wohnverhältnissen, teilweise weit abgeschnitten von der Mehrheitsgesellschaft. Ein Fall in Rumänien zeigt, dass dies bewusst durch den Staat gesteuert wurde. Daraus lässt sich ein starker politischer Unwille und eine anit-

ziganistische Grundhaltung durch die Staatsgewalt ableiten (Krauß 2007, FRA 2009).
Auch auf die Lage von Frauen im europäischen Kontext soll an dieser Stelle eingegangen werden: Sie sind durch den vorherrschenden Antiziganismus und der zusätzlichen Diskriminierung aufgrund ihres Geschlechtes (innerhalb der Roma – Gemeinschaften und außerhalb dieser) einer doppelten Diskriminierung ausgesetzt (filia 2012). Die Mehrheit der Frauen wird beispielsweise beim Zugang zu Bildung stark benachteiligt. So werden Mädchen häufig in Sonderschulen von der Mehrheitsgesellschaft getrennt und meistens in deutlich schlechter ausgestatteten Schulen unterrichtet. Ein anderes Problem ist aber auch, dass sie häufig vorläufig aufgrund von frühen Ehen, Hilfe im Haushalt oder wegen der Betreuung von Geschwistern die Schule verlassen. Des Weiteren existieren Berichte über Diskriminierungen bei der staatlichen Gesundheitsversorgung: Von Beschimpfung, über getrennte und schlechtere Behandlungen im Vergleich zur Mehrheitsgesellschaft bis hin zur Zwangssterilisation wurden zahlreiche Verstöße und Fälle in Europa dokumentiert. Berichte in Bulgarien zeigen auch, dass Frauen und Kinder von Roma-Angehörigen überdurchschnittlich oft von Prostitution und Menschenhandel betroffen sind (FRA 2009).

Der Artikel 19 der Grundrechtecharta besagt:
(1) Kollektivausweisungen sind nicht zulässig.
(2) Niemand darf in einen Staat abgeschoben oder ausgewiesen oder an einen Staat ausgeliefert werden, in dem für sie oder ihn das ernsthafte Risiko der Todesstrafe, der Folter oder einer anderen unmenschlichen oder erniedrigenden Strafe oder Behandlung besteht.

In wie fern verstieß Frankreich gegen Artikel 19? Roma wurden kollektiv aufgrund ihrer ethnischen Zugehörigkeit ausgewiesen. Dies bewies ein internes Schreiben des französischen Innenministeriums, in dem explizit zur Räumung der Lager von Roma aufgerufen wurde (Zeit Online 2010). Man rechtfertigte öffentlich die Massenabschiebungen mit einer vermeintlichen Kriminalität, ohne jedoch Einzelfallprüfungen durchgeführt zu haben (Arte Journal 2010). Es kann also davon ausgegangen werden, dass antiziganistische Vorurteile zur Handlungsgrundlage der französischen Regierung wurden.
Verstießen die Abschiebungen auch gegen den zweiten Absatz des Artikel 19? Bedeutet Diskriminierung ausgesetzt zu sein, nicht auch eine erniedrigende Behandlung erfahren zu müssen? Roma-Angehörige wurden außerdem in Herkunftsländer ausgeliefert, in denen ihnen Prostitution und Menschenhandel droht. Und impliziert erniedrigende Behandlung nicht auch ein schlechterer Zugang zum Bildungssystem in Form von Sonderschulen mit schlechterer Ausstattung oder die Verwehrung zum Zugang zur Gesundheitsversorgung?
Zusätzlich zu Artikel 19 wurde im Falle der Abschiebung von Roma in Frankreich aus Artikel 15 „Berufsfreiheit und Recht zu arbeiten" der EU-Grundrechtecharta verletzt. Demnach ist es allen UnionsbürgerInnen erlaubt, „in jedem Mitgliedsstaat Arbeit zu suchen, zu arbeiten, sich niederzulassen oder Dienstleistungen zu erbringen" (Strunz 2004:76). Der Autor macht aber darauf aufmerksam, dass verschiedene Personengruppen abgestufte Rechte besitzen. Dies trifft auch auf die Roma zu, die als UnionsbürgerInnen nach Frankreich emigrierten und dort in Lagern untergebracht werden. Zum einen ist das Freizügigkeitsprinzip in

Frankreich an den Nachweis einer Arbeit geknüpft. Erst mit Vorlage eines Arbeitsvertrages kann auch länger als drei Monate ein legaler Aufenthaltsstatus erwirkt werden. Da aber rumänischen und bulgarischen Staatsbürgerlnnen eine Arbeitseinschränkung in Fankreich (bis 31.12.2012) auferlegt wurde und diese nur in Ausnahmefällen aufgehoben wird, ist es für viele Personen aus diesen beiden Ländern nahezu unmöglich, einen legalen Aufenthaltsstatus zu erlangen. Dadurch werden viele Roma in die Illegalität des Arbeitsmarktes gezwungen (vgl. taz 2010). Das Freizügigkeitsprinzip in der EU und Frankreich wird auch erweiternd auf Arbeitsuchende angewandt. Hier gibt es jedoch zahlreiche Beschränkungen. So müssen Betroffene durch entsprechendes Verhalten nachweisen können, dass sie bewusst nach Arbeit suchen (z.B in Form von Bewerbungsschreiben etc.) (vgl. Strunz 2004:81). Des Weiteren kann man Stellungsnahmen der französischen Botschaft in Deutschland entnehmen, dass eine Aufenthaltsberechtigung nur nach Nachweis von ausreichenden, finanziellen Mitteln auch für Arbeitssuchende gewährt wird. Da viele Roma aus einer prekären sozialen Lage stammen und aufgrund starker Armut emigriert waren, scheint ein legaler Aufenthalt auf Basis dieser Grundlage nahezu ausgeschlosssen. Bei Nichteinhaltung dieser Auflagen kann die Ablehnung des Aufenthaltstitels erfolgen, wodurch eine Abschiebung folgen kann. Durch das Erlischen des legalen Status werden die Betroffenen formal zu illegalen Subjekten erklärt. Gleichzeitig erlöschen somit staatliche Zuwendungen.

Das Beispiel der Roma im Kontext der Personenfreizügigkeit zeigt, wie wichtig es ist, einen legalisierten Aufenthalt im jeweiligen Land zu besitzen. Eine formale

Abschiebung wurde u.a. deswegen möglich, da die betroffenen Personen kein Langzeitvisum bzw. eine StaatsbürgerIinnenschaft besaßen, um legalisiert in Frankreich leben zu dürfen.

An dieser Stelle soll deswegen die besondere Bedeutung der StaatsbügerInnenschaft im Kontext des Nationalstaates beleuchtet werden: Mit dem Konzept der StaatsbürgerInnenschaft ist die Zugehörigkeit zu einer politischen oder geografischen Gemeinschaft gemeint (vgl. Bloemraad, Korteweg, Yurdakul: 2009:16). Diese wird durch den Staat selbst bestimmt. D'Amato formuliert dabei treffend: „Im Prozess der Modernisierung hat die Staatsangehörigkeit zwei Eigenschaften entwickelt: Universalität und Ausschließung. Universalität, weil mit der Staatsangehörigkeit ein Raum gesetzlicher Gleichheit entsteht, in dem jeder Bürger und jede Bürgerin gleiche rechte und Pflichten teilt. Ausschließung, weil Staatsangehörigkeit nach innen inklusiv und nach außen exklusiv wirkt" (2001: 52f). Mit der StaatsbürgerInnenschaft sind der Erhalt verschiedener Rechte (u.a. politische Partizipation) verbunden, wobei sich die Gewährung der unveräußerlichen Menschenrechte als eine zentrale Komponente für die Konzeption der StaatsbürgerInnenschaft herauskristallisiert hat (vgl. Bloemraad, Korteweg, Yurdukal 2009:17). Dies bedeutet aber im Umkehrschluss, dass staatenlosen oder nichtstaatsangehörigen Personen die unveräußerlichen Menschenrechte nicht oder nur eingeschränkt in dem jeweiligen Land garantiert werden können.

Auf theoretischer Ebene existieren verschiedene Konzepte, wie der Zugang zu StaatsbürgerInnenschaft gewährleistet wird: Diese kann entweder durch den Geburtsort (jus soli) oder nach der elterlichen Herkunft wie zum Beispiel in Frankreich (jus sanguinis) vergeben werden (vgl. Bloemraad, Korteweg, Yurdakul 2009:17; D'Amato 2001:52). Die in Frankreich ausgewiesenen, meist rumänischen oder bulgarischen, StaatsbürgerInnen hätten durch eine „Einbürgerung" StaatsbürgerInnenrechte erzielen können, was jedoch auf Grundlage der bereits geschilderten Geschehnisse zur Personenfreizügigkeit kaum möglich ist (s.o.). D'Amato macht in seinen Ausführungen darauf aufmerksam, dass das Konzept der StaatsbürgerInnenschaft zeitgleich mit dem modernen Begriff der Nation aufkam. Der Ursprung dafür lag in der französischen Revolution, da in jener Zeit Bürgerrechte[1] eingeführt wurden, die die Gleichheit vor dem Gesetz manifestierten und gleichzeitig formell privilegierte Positionen vor dem Gesetz abschufen. Der Begriff der Nation schafft eine Identität für eine vermeintlich homogene und gleichwertige Gesellschaft und setzt dieser Identität das Fremde, die ausländische Person entgegen. Dieser Betrachtung stimmt auch Bigo (2010) zu. Im Kontext von Sicherheit und Immigration macht der Autor darauf aufmerksam, dass Immigration stets als Gefahr für die Homogenität des Volkes betrachtet wird und dass diese dadurch politisiert und problematisiert werden würde. „In jedem Land wird die Figur des Migranten durch die Umkehrung des Bildes vom „guten Staatsbürger" geschaffen" (Bigo 2010:49). Dies liegt am Verständnis des Nationalstaates, dessen Autorität u.a. durch die Bewachung des Territoriums ausgedrückt wird und die daraus resultierende Angst, die „symbolische Kon-

---

[1] An dieser Stelle wird der männliche Begriff beibehalten, da zu jener Zeit nur Männer diese Rechte empfangen konnten (D' Amato 2001).

trolle [durch Immigration, d. Verf.] über territoriale Grenzen zu verlieren" (ebd.:42).

Der Exkurs zum Recht der Personenfreizügigkeit und der StaatsbürgerInnenschaft zeigt, dass die staatlichen Behörden bewusst entscheiden können, welcher Person sie einen formal legalisierten Status gewähren können und auch wollen. Das Problem bei Artikel 15 der GrundrechtCharta besteht darin, dass ein legaler Status an die Arbeit geknüpft wird. Menschen aus extremer Armut werden durch diesen Prozess schnell ausgeschlossen, da ihnen in der Regel die Kapazitäten und Ressourcen fehlen, die hohen Auflagen des Staates wirklich zu erfüllen. Artikel 15 spiegelt sehr eindrücklich die Idee der StaatsbügerInnenschaft wider, die wiederum eng an die europäischen, liberal-demokratischen Verfassungen und deren Nationsbegriff gekoppelt ist. Die Vergabe der StaatsbürgerInnenschaft ist ebenfalls ein Staatsrecht (D' Amato 2001:54). Die Nicht-Vergabe dieses Status' führt zur Exklusion von Menschen, auch indem man sie abschiebt. Somit ist Artikel 19 nur eine logische Konsequenz der Personenfreizügigkeit im engeren und der Vergabe des legalen Status im weiteren Sinne.
Die Abschiebungen der Roma aus Frankreich stellen exemplarisch das allgemeine Verhältnis von StaatsbügerInnen und nicht dazugehörigen Menschen dar. Durch den Abschiebungsprozess werden vom Staatsverständnis her, Menschen als illegal und nicht mehr existent betrachtet. Doch mit dieser Politik werden massive Probleme geschaffen, da Personen nicht einfach verschwinden und der Staat seine Verantwortung (die Einhaltung der Menschenrechte) in einen rechtsfreien Raum abgibt. Außerdem ist diese Praxis aus menschen-

rechtlicher Perspektive mehr als fragwürdig, da man durch die endgültige Abschiebung, Menschen „zweiter Klasse" schafft. Das Ideal der Gleichheit wird so massiv verletzt. Dass der Artikel der Abschiebung trotzdem in der EU-Grundrechtcharta aufgenommen wurde, kann eigentlich nur bedeuten, dass Staaten um ihre Souveränität bangen (siehe Ausführungen Bigos). Am Beispiel Frankreichs wird darüber hinaus sehr deutlich, dass das Staatsrecht der Abschiebung dabei hilft, Feindbilder und Vorurteile zu stärken (z.B. antiziganistisch motivierte Handlungen) und ungefiltert weiter zu benutzen, anstatt mit ihnen umzugehen und sich ihnen zu stellen.

Die im Artikel geäußerte Kritik soll nicht die Herkunftsländer der Roma-Angehörigen von ihrer Verantwortung befreien, die Situation ihrer eigenen StaatsbügerInnen zu verbessern. Trotzdem stellt die Abschiebung und Exklusion von Angehörigen der Roma im Kontext der Rechtsgrundlage in der Europäischen Union einen unhaltbaren Zustand dar, da die Lage von Angehörigen der Roma allgemein bekannt ist. Die Praxis der Abschiebung, wie sie in Frankreich geschehen ist, verstößt gegen die unveräußerlichen Menschenrechte als auch BürgerInnenrechte, ist ein Sinnbild für Verantwortung, die nicht übernommen werden möchte und basiert auf antiziganistische Annahmen, die von der Europäischen Union nicht entsprechend sanktioniert wurden.

Referenzen
apa/red (2010): Zehntausende Franzosen erheben Stimme gegen Sarkozy: Protest wegen Roma-Politik. Demonstrationen rund um Roma-Abschiebungen. Text abrufbar unter:

http://www.news.at/articles/1035/12/277585_s1/zehntausende-franzosen-stimme-sarkozy-protestromapolitik (Zugriff am 10. Mörz 2012).

Arte Journal (2010): Frankreich weist Sinti und Roma aus. Eine Chronik. Text abrufbar unter http://www.arte.tv/de/3224574,CmC=3382626.html (Zugriff am 10.März 2012).

Balmer, Rudolf (2010): Auf der Flucht vor den Bulldozern. Text abrufbar unter http://www.taz.de/!57733/ (Zugriff am 10. März 2010).

Bigo, Didier (2010): Sicherheit und Immigration: Zu einer Kritik der Gouvernementalität des Unbehagens. In: Misselwitz, Margarete/Schlichte, Klaus (Hrsg.), Politik der Unentschiedenheit. Die internationale Politik und ihr Umgang mit Kriegsflüchtlingen. Bielefeld: transcript Verlag, 39-76.

Bloemrad, Irene/ Korteweg Anna/Yudakal Gökce (2009): Staatsbürgerschaft und Einwanderung: Assimilation, Multikulturalismus und der Nationalstaat. In: Yurdakul, Gökce/Bodemann, Michael Y, Staatsbürgerschaft, Migration und Minderheiten. Inklusion und Ausgrenzungsstrategien im Vergleich. Berlin: VS Verlag für Sozialwissenschaften, 13 - 46.

Burkhard, Birke (2010): „Fahrendes Volk - Ein Problemfall für Präsident Sarkozy. Misstrauen der Franzosen gegenüber modernen Nomaden. Text abrufbar unter http://www.dradio.de/dlf/sendungen/europaheute/1234840/ (Zugriff am 10.März 2012).

D'Amato, Gianni (2001): Vom Ausländer zum Bürger. Der Steit um die politische Integration von Einwanderern in Deutschland, Frankreich und der Schweiz. Münster: LIT Verlag, 52 - 60, 182 - 194.

dpa/AFP (2010): EU-Parlament: Frankreich soll Roma-Ausweisungen stoppen. Text abrufbar unter http://www.tagesspiegel.de/politik/strassburg-eu-parlament-frankreich-soll-roma-ausweisungen-stoppen/1929684.html (Zugriff am 10. März 2012).

Ende, Michael (2011): Bilder und Sinnstruktur des Antiziganismus. In: Aus Politik und Zeitgeschichte, 22 -23, 15 -21.
Europäisches Parlament (2006): Bericht über die Situation der Roma-Frauen in der Europäischen Union. Text abrufbar unter:http://www.europarl.europa.eu/sides/getDoc.do?type=-REPORT&reference=A6-2006-0148&language=DE, (Zugriff am 14.03.2012)
Europäische Stelle zur Beobachtung von Rassismus und Fremdenfeindlichkeit (2002): Barrieren überwinden – Roma-Frauen und deren Zugang zum öffentlichen Gesundheitswesen.
filia. Die Frauenstiftung (2012): Länderbericht Bulgarien. Text abrufbar unter
http://www.filia-frauenstiftung.de/inhalt/philanthropinnen-und-feminismus/warum-weltweit/Bericht Bulgarien // filia. die frauenstiftung (Zugriff am 14.03.2012).
FRA (2009): Erster Bericht der Reihe „Daten kurz gefasst" | Die Roma. Text abrufbar unter:
http://fra.europa.eu/fraWebsite/home
(Zugriff am 14. März2012).
Fröhlich, Daniel (2011): Das Asylrecht im Rahmend des Unionsrechts. Entstehung eines föderalen Asylregimes in der Europäischen Union. Tübingen: Mohr Siebeck, 10 – 14
Heun, Jessica (2011): Minderheitenschutz der Roma in der Europäischen Union. Unter besonderer Berücksichtigung der Definition der Roma als nationale Minderheit sowie der Möglichkeit positiver Maßnahmen m Rahmen von Art. 19 AEUV. Berlin: BWB BERLINER WISSENSCHAFTSVERLAG.
Krauß, Joachim (2007): Integration mit Widerständen. Die Roma in Rumänien. In: Osteuropa, 57 (11), 241 - 252.
Schmidt, Manfred G. (2010): Demokratietheorien, Eine Einführung, 5. Auflage. Wiesbaden: VS Verlag, 113 - 131; 453 - 506.
Schneiders, Benedikt (2010): Die Grundrechte der EU und EMRK. Das Verhältnis zwischen ungeschriebenen Grundrechten, Grundrechtecharta und Europäischer Menschen-

rechtskonvention. Baden-Baden: Nomos Verlagsgesellschaft, 121 - 133.

Strunz, Jan - Henning (2004): Die Freizügigkeit der Personen in der Europäischen Union. Münster: LIT VERLAG, 76 - 83.

Weber, Albrecht (2002): Charta der Grundrechte der Europäischen Union. München: Sellier. European Law Publisher GmbH, 1- 5.

Zeit Online (2010): Paris korrigiert umstrittenes Roma-Rundschreiben.http://www.zeit.de/politik/ausland/2010-09/roma-abschiebungen-rueckzieher (Zugriff am 10. März 2012).

Artikel 21: Recht auf Nichtdiskriminierung
Umkehrung in Baden-Württemberg?

Jakob Roßa

Die Debatten um Einwanderung und Integration in Deutschland und Europa haben nach dem 11. September 2001 an Schärfe zugenommen. Begriffe wie *Parallelgesellschaften, Hassprediger, GefährderIn, Ehrenmorde, deutsche Leitkultur* und nicht zuletzt *IntegrationsverweigerIn* dominieren die öffentlichen Debatten. Negative Ereignisse aus dem nationalen und dem europäischen Kontext beherrschen dabei die nationalen Diskurse über Einwanderung, Integration und Sicherheit. Mit der sogenannten Verhinderung der Entstehung von *Parallelgesellschaften*, den Terroranschlägen in Madrid 2004 und in London 2005 oder der Ermordung von Theo Van Gogh 2004 in den Niederlanden werden Verschärfungen der Integrationspolitiken und die Einschränkung der Grundrechte für *Muslime* „begründet". Doch wird ebenso mit der postulierten Unvereinbarkeit des *Islams* mit Demokratie und Menschenrechten argumentiert (vgl. Deutscher Bundestag 2006b:757). In diesen Debatten werden dabei oft *europäische* Grund- und Menschenrechte, wie zum Beispiel die Gleichberechtigung der Frauen und von Homosexuellen, einem scheinbar frauenfeindlichen und homophoben Islam gegenübergestellt. Die „Verteidigung" dieser *europäischen* Rechte legitimiert dann oft die Einschränkungen anderer Rechte, wie das der Religionsfreiheit, der Gleichheit oder der Nichtdiskriminierung aufgrund der Religionszugehörigkeit. In den europäischen Integrationsdebatten wird dann oftmals die einseitige Anpassung von als *muslimische MigrantInnen* konstruierten Menschen an *europäische* Werte wie Rechtsstaatlichkeit, Gleichberechtigung, Toleranz und Religionsfreiheit gefordert, ohne dass diese Werte im Gegenzug den sogenannten *MigrantInnen* als Rechte zugestanden werden. Doch werden dabei nicht nur elementare Grundrechte von *muslimischen MigrantInne*n und *muslimischen* StaatsbürgerInnen eingeschränkt, sondern auch politische und soziale Partizipationsmöglichkeiten. Beispielhaft sind in Deutschland die Kopftuchverbote, das hochselektive deutsche Bildungssystem, polizeiliche Sondermaßnahmen im Namen der Abwendung von Terroranschlägen, aber auch der sogenannte baden-württembergische *Muslimtest*, der in diesem Essay untersucht wird.

Der sogenannte *Muslimtest* wurde Anfang 2006 von der aus CDU und FDP gebildeten Landesregierung Baden-Württembergs eingeführt, um die Ernsthaftigkeit des im Staatsangehörigkeitsgesetz geforderten Bekenntnisses zum Grundgesetz von *muslimischen* AntragsstellerInnen auf die deutsche Staatsbürgerschaft zu überprüfen. Im Sommer 2011 wurde der *Test*, fünfeinhalb Jahre nach der Einführung, von der neuen Landesregierung aus Bündnis 90/Die Grünen und der SPD abgeschafft. Im Folgenden wird der sogenannte *Muslimtest* in Baden-Württemberg auf seine Vereinbarkeit mit dem Diskriminierungsverbot aufgrund der Religionszugehörigkeit in Artikel 21 der Charta der Grundrechte der Europäischen Union untersucht. Ich habe den Muslimtest aus zwei Gründen als Beispiel für die Verletzung eines europäischen Grundrechtes gewählt. An dem Muslimtest lässt sich die unmittelbare Diskriminierung der Grundrechte der AntragsstellerInnen durch die scheinbare Förderung anderer Rechte untersuchen. Ebenfalls eignet er sich zur Untersuchung einer breiteren gesellschaftlichen Diskriminierung. Artikel 21 der Charta der Grundrechte der EU lautet:

(1) Diskriminierungen, insbesondere wegen des Geschlechts, der Rasse, der Hautfarbe, der ethnischen oder sozialen Herkunft, der genetischen Merkmale, der Sprache, der Religion oder der Weltanschauung, der politischen oder sonstigen Anschauung, der Zugehörigkeit zu einer nationalen Minderheit, des Vermögens, der Geburt, einer Behinderung, des Alters oder der sexuellen Ausrichtung, sind verboten.
(2) Im Anwendungsbereich des Vertrags zur Gründung der Europäischen Gemeinschaft und des Vertrags über die Europäische Union ist unbeschadet der besonderen Bestimmungen dieser Verträge jede Diskriminierung aus Gründen der Staatsangehörigkeit verboten.

Neben der Charta der Grundrechte der Europäischen Union verbieten weitere europäische und internationale Abkommen Diskriminierung aufgrund verschiedener Merkmale. Auf nationaler Ebene in Deutschland gebietet das Grundgesetz, dass niemand wegen seines „Geschlechtes, seiner Abstammung, seiner *Rasse*, seiner Sprache, seiner Heimat und Herkunft, seines Glaubens, seiner religiösen oder politischen Anschauungen und seiner Behinderung benachteiligt oder bevorzugt werden darf" (Art. 3 GG).
Trotz einer langen historischen Tradition an Ein- und Auswanderung dominiert(e) in Deutschland die Meinung, dass die Bundesrepublik kein Einwanderungsland sei (vgl. Castro Varela/ Mecheril 2011:156f.). Dementsprechend ist das deutsche Staatsangehörigkeitskonzept auch nach einer Reform im Jahr 2000 wesentlich

durch das Vererbungs- oder Abstammungsprinzip (ius sanguinis) und damit durch die „Vorstellung eines »völkischen« Abstammungs- und Vererbungsrecht" (vgl. ebd.:169) geprägt. Mit der Reform des Staatsangehörigkeitsgesetz im Jahr 2000 wurde erstmals auch das Territorialprinzip (ius soli) aufgenommen (vgl. ebd.). Die Debatten über diese und weitere Reformen auf dem Gebiet der Integrationspolitik waren medial und politisch dominiert von negativen Aussagen über ein gescheitertes multikulturelles Zusammenleben in Deutschland. Doch ist es wichtig zu betonen, dass der Charakter der deutschen Integrationspolitik schon immer eher assimilatorisch als multikulturalistisch geprägt ist (vgl. Nghi Ha/ Schmitz 2006:241).

Im Jahr 2005 trat nach langer und kontroverser Diskussion erstmals ein Zuwanderungsgesetz in Deutschland in Kraft. Damit wurde zwar die historische und gesellschaftliche Realität, dass Deutschland ein Einwanderungsland ist, ein Stück weit anerkannt, doch handelte es sich eher – um den vollen Namen des Gesetzes zu zitieren – um ein „Gesetz zur Begrenzung und Steuerung von Zuwanderung". Teil des Gesetzes war die Einführung von verpflichtenden *Integrationskursen*[1]. In diesen werden neben dem Erwerb „von ausreichenden Kenntnissen der deutschen Sprache" (Bundesministerium für Justiz 2004:1) auch „Kenntnisse der Rechtsordnung, der Kultur und der Geschichte Deutschlands, insbesondere auch der Werte des demokratischen Staatswesens der Bundesre-

---

[1] Aufgrund der Teilnahmepflicht, der Überwachung der Teilnahme und der weitreichenden Sanktionsmaßnamen bei Nicht-Teilnahme halte ich den Begriff Zwangs-Integrationskurse für passender. Die offizielle Bezeichnung verwende ich in diesem Sinne synonymisch kursiv (vgl. Nghi Ha/ Schmitz 2006: 238).

publik Deutschland und der Prinzipien der Rechtsstaatlichkeit, Gleichberechtigung, Toleranz und Religionsfreiheit" (ebd.:2) vermittelt. Die Integrationskurse sind dabei ausschließlich für AntragsstellerInnen aus Nicht-EU-Ländern verpflichtend. EU-Angehörige und Personen mit „erkennbar geringen Integrationsbedarf" können freiwillig an den Kursen teilnehmen (Böcker 2011:360)². Der Beitrag der *Kurse* zu einer erfolgreichen *Integration* in Deutschland ist umstritten, gehen sie doch einher mit der Forderung einer einseitigen Anpassung von *Migranten* an *deutsche* Werte und verschleiern dabei, dass es sich um einen beidseitigen Prozess handelt (vgl. Nghi Ha/ Schmitz 2006:233). Als eine zusätzliche Hürde auf dem Weg zur Staatsbürgerschaft grenzen die Kurse zudem bestimmte zukünftige StaatsbürgerInnen symbolisch aus. Die Einführung und die Debatten um den offiziell „Gesprächsleitfaden" genannten Test im Jahre 2006 im Bundesland Baden-Württemberg muss vor dem Hintergrund dieser skizzierten Integrations-politik, die eher auf die einseitige Anpassung von *fremden* und *lernbedürftigen* EinwandererInnen setzt, betrachtet werden.

Ab dem 1. Januar 2006 wurden in Baden-Württemberg BewerberInnen aus den „57 islamischen Staaten, die der Islamischen Konferenz angehören wie auch Personen islamischen Glaubens (...) oder bei denen im Einzelfall Zweifel an der Ernsthaftigkeit ihres Bekenntnisses [zur freiheitlich demokratischen Grundordnung, d. Verf.] bestehen" anhand eines „Gesprächsleitfaden für Einbür-

---

[2] Eine Ausnahme besteht für Personen aus sogenannten Drittstaaten, die sich schon länger in einem anderen EU-Mitgliedsland aufhalten. Sie können, im Gegensatz zu EU-BürgerInnen, auch zwangsverpflichtet werden (vgl. Hamburgisches Weltwirtschaftsinstitut 2007: 6)

gerungsbehörden" überprüft[3] (Innenministerium Baden-Württemberg 2005). Der Gesprächsleitfaden wurde demnach mit der Begründung eingeführt, dass die Ernsthaftigkeit des im Staatsangehörigkeitsgesetz geforderten Bekenntnisses zum Grundgesetz generell von *muslimischen* AntragsstellerInnen zu bezweifeln sei. Im Fokus des Tests stehen daher die persönlichen Einstellungen der AntragsstellerInnen zu den Themen Menschenrechte, Verfassungsordnung, persönliche Freiheit, Gleichberechtigung von Mann und Frau, Gewaltmonopol des Staates, Toleranz und Anerkennung der Rechtsordnung und die Unterstützung verfassungsfeindlicher Bestrebungen (vgl. Innenministerium Baden-Württemberg 2006:2ff.)[4]. Die AntragsstellerInnen mussten dabei unter anderem erklären, ob sie frauenfeindlich, kriminell, terroristisch oder verfassungsfeindlich sind (vgl. Gössner 2006:3). Die Antworten auf die Fragen wurden protokolliert, mussten von den Antragsstellenden unterschrieben werden und unwahre Angaben konnten auch noch im Nachhinein zum Entzug der Staatsbürgerschaft führen (vgl. Innenministerium Baden-Württemberg 2006:1). Vor dem Hintergrund dieser angedrohten Sanktionen ist die Bezeichnung *Gesprächsleitender Fragenkatalog* verharmlosend.

---

[3] Die Pressemitteilung ist unter der Adresse des baden-württembergischen Innenministeriums nicht mehr verfügbar. Eine Kopie ist einsehbar unter:
http://tobiaspflueger.twoday.net/stories/1377660/
(aufgerufen am 19.03.12).
[4] Die Fragen zu Antisemitismus, Rassismus und Homosexualität wurden bei einer Überarbeitung 2007 gestrichen (vgl. Böcker 358; vgl. Innenministerium Baden-Württemberg 2007).

Der *Test*, der offensichtlich speziell für eine religiöse Gruppe eingeführt wurde, widerspricht dem Diskriminierungsverbot der Charta der Grundrechte der Europäischen Union. Alle Menschen mit scheinbar *muslimischer* Religionszugehörigkeit wurden pauschal zu Verdächtigen erklärt, ihnen wurden negative Eigenschaften zugeschrieben und daraufhin wurden sie nach ihren persönlichen und moralischen Einstellungen befragt (vgl. Gössner 2006:6). Dabei wurden die AntragsstellerInnen aus sehr verschiedenen Ländern als „muslimisch" markiert und definiert und daher als verdächtig eingestuft. Dass diese Praktik gegen das Diskriminierungsverbot verstößt, ist anscheinend auch den Verantwortlichen in Baden-Württemberg deutlich geworden. Mit zunehmender Kritik an dem *Test* versicherten sie, dass er sich nicht speziell an Menschen mit *muslimischem* Hintergrund richte und er bei allen AntragsstellerInnen angewendet wird, bei denen Zweifel an ihrem Bekenntnis zur freiheitlich demokratischen Grundordnung bestünden. Diese Darstellungen der baden-württembergischen Landesregierung wurden allerdings erst nach massiver Kritik veröffentlicht. Auf Grundlage der ersten Pressemitteilung des Innenministeriums, der Ausgestaltung des *Gesprächsleitfadens* und von veröffentlichten internen Schriftvermerken ist aber davon auszugehen, dass es sich, um auf den in der politischen und medialen Debatte verwendeten Begriff zurück zugreifen, weiter um einen speziellen „Muslimtest" handelte (vgl. Deutscher Bundestag 2006a:1f.).

Es gab nicht nur erhebliche Kritik und Zweifel im Hinblick auf die Vereinbarkeit des Testes mit der Charta der Grundrechte der Europäischen Union und dem deut-

schen Grundgesetz, sondern auch im Hinblick auf Verpflichtungen, die Deutschland in internationalen Abkommen, zum Beispiel zur Bekämpfung des Rassismus, eingegangen ist (vgl. Wolfrum/ Röben 2006:17). Der UN-Ausschuss für die Beseitigung der *Rassen*diskriminierung äußerte seine Besorgnis, dass Befragungen speziell von MuslimInnen diskriminierend seien (vgl. United Nations 2008:41). Ebenfalls kritisch kommentierte die Organisation für Sicherheit und Zusammenarbeit in Europa (OSZE) den Test und nannte ihn diskriminierend und einen Verstoß gegen die Menschenrechte (vgl. taz 2006b). Diese kritischen Einschätzungen nähren den Verdacht, dass der Test auch gegen den sehr ähnlichen Antidiskriminierungsparagraphen der Charta der Grundrechte der Europäischen Union (Artikel 19) verstieß.
Der Muslimtest erfüllte demnach offensichtlich die Tatsache einer rechtlichen Diskriminierung. Doch welche Bedeutung hat der Test für eine breitere Diskriminierung von *MuslimInnen*? Ein zweiter Blick in die Mitteilung des baden-württembergischen Innenministeriums – bezeichnenderweise mit dem Titel: „Keine Diskriminierung islamischer Einwanderungsbewerber" (Innenministerium Baden-Württemberg 2005):

So seien nach einer Untersuchung des Zentralinstituts Islam-Archiv Deutschland 21 Prozent der in Deutschland lebenden Muslime der Auffassung, dass das Grundgesetz nicht mit dem Koran vereinbar sei. Diese Auffassung werde durch Veröffentlichungen von Autoren sowie durch nahezu tägliche Presseberichte bestätigt. Danach würden mitten in Deutschland die Menschenrechte tausender islamischer Frauen mit Füßen getreten, weil sie von ihren Familien praktisch wie Sklavinnen (Kelek) gehalten würden. Dazu komme, dass gerade bei Muslimen Tendenzen zur Abgrenzung von der deutschen Bevölkerung zu beobachten seien. Dies habe nicht nur mit dem Mord an der türkischstämmigen Deutschen Hatun Sürücü einen traurigen Höhepunkt erreicht, die Opfer eines so genannten Ehrenmordes geworden sei, weil sie „gelebt habe wie eine Deutsche".

An dieser Stelle möchte ich zuerst darauf eingehen, dass zur Begründung des Integrationstestes überwiegend AutorInnen zitiert wurden, die für ihre oft polemische Kritik an dem *Islam* bekannt sind.[5] Die zitierte Passage und vor allem die angeführten AutorInnen zeichnen das Bild einer rückständigen, gefährlichen, Frauen unterdrückenden, nicht mit den Menschenrechten zu vereinbarende islamischen Religion. Doch werden diese AutorinInnen zum Teil erheblich kritisiert und einigen von ihnen die „verzerrte Interpretation von Forschungsdaten", der Gebrauch eines „rassistisch überformten Bildes von muslimischen Männern und Frauen" und die Verschleierung anderer sozialer Ungleichbehandlungen von muslimischen Frauen vorgeworfen (Yurdakul 2010:122ff.). Es wurden offensichtlich Quellen herangezogen, die das Zerrbild eines monolithischen und rückständigen *Islam* zeichnen. Eine differenzierte und nicht pauschalisierende Betrachtung, die die Annahme eines *fremden* und mit *westlichen* Werten unvereinbaren *Islams* in Frage stellt, lag nicht im Interesse der Verantwortlichen. Gewalt gegen Frauen, die Einschränkung

---

[5] zitiert werden u.a.: Seyran Ates, Necla Kelek, Ayaan Hirsi Ali, Bassam Tibi.

von Freiheitsrechten und Zwangsheiraten dürfen nicht verharmlost werden. Der *Muslimtest* zeigt aber, wie schnell die Generalisierung von vorhandenen Problemen dazu führt, Grundrechte einzuschränken. Der vermeintliche „Schutz" des Grundrechts der Gleichberechtigung geht zu Lasten des grundrechtlichen Diskriminierungsverbots wegen der Religionszugehörigkeit. Eine diese Einschränkung legitimierende Schutzfunktion bestimmter Grundrechte erscheint zweifelhaft. Räumt wohl keine Person während des Testes ein, elementares Grundrecht zu missachten oder einen terroristischen Anschlag vorzubereiten.

Die Begründung für den baden-württembergischen *Muslimtest* offenbart beispielhaft die Instrumentalisierung und die selektive Anwendung der europäischen Grundrechte. Im Namen der „Rettung" der Grund- und Menschenrechte der *versklavten muslimischen Frauen* in Deutschland wurden *muslimische* AntragsstellerInnen auf die Staatsbürgerschaft einer speziellen, diskriminierenden Befragung unterzogen.[6] *Muslimische* Frauen wurden dabei besonders diskriminiert. Sie wurden in der Begründung für den *Test* als *versklavte muslimische* Frauen, anstatt als handelnde Subjekte dargestellt und wurden zugleich verdächtigt bestimmte Menschenrechte nicht zu achten.

Die Reproduktion von negativen *muslimischen* Stereotypen in der Begründung steht dabei dem Grundgedanken einer nicht nur gesetzlich fixierten, sondern auch einer

---

[6] Der Rückgriff auf den Stereotyp der *versklavten muslimischen* Frauen zeigt die Kontinuität kolonialer Rechtfertigungspraxis. Ließ sich mit diesem nicht nur die koloniale Herrschaft über Indien, sondern ebenfalls der Afghanistankrieg legitimieren (vgl. Yurdakul 2010: 118 f.).

gesellschaftlichen Umsetzung des Grundrechts auf Nichtdiskriminierung entgegen. Die Verwendung von diskriminierenden Stereotypen durch offizielle RepräsentantInnen des Bundeslandes Baden-Württemberg trug dazu bei, diesen den Anschein zu geben, „richtig" und „offiziell bewiesen" zu sein und sie damit in der Gesellschaft zu verfestigen.

Die Zuschreibung negativer Eigenschaften in eine als *muslimisch* konstruierte Gruppe erschafft dabei gleichzeitig ein idealisiertes Bild beziehungsweise Selbst der deutschen Dominanzgesellschaft und trägt zur Verharmlosung und teilweise zur Negation von Vorurteilen bei (vgl. Böcker 2011:358). Die Tatsache, dass Antisemitismus, Rassismus und Homophobie in Deutschland weit verbreitet sind und die Gleichberechtigung zwischen den Geschlechtern nicht erreicht ist, wird verschleiert. Ebenso, dass viele Vorurteile – besonders im Hinblick auf den *Islam*, die *verdächtigen MigrantInnen* – in der deutschen Gesellschaft existieren und allenfalls halbherzig bekämpft werden (vgl. ebd.:359).[7] So spricht der Innenminister von Baden-Württemberg dann davon, dass "es eventuell Deutsche mit einer problematischen Einstellung zu unseren Verfassungswerten wie Toleranz gibt", dies es aber nicht rechtfertige, Menschen mit gleicher Einstellung einzubürgern (vgl. Bundestag 2006b:758). Wörter wie „eventuell" und „problematische Einstellungen" bagatellisieren Diskriminierungen und zeichnen in Abgrenzung zu „*den homophoben muslimischen MigrantInnen*" ein idealisiertes Bild der Dominanz-

---

[7] Frage 28, die 2007 nach einer Überarbeitung gestrichen wurde, benutzt bezeichnenderweise das rassistische Wort „Schwarzafrikanerin" (vgl. taz 2006; Sow 2011: 667).

gesellschaft und lenken davon ab, sich mit den eigenen Vorurteilen zu befassen. Dies widerspricht ebenfalls dem Grundgedanken eines „gelebten" Grundrechts auf Diskriminierungsfreiheit.

Die Untersuchung des baden-württembergischen *Muslimtest* zeigt, dass trotz der in „Sonntagsreden" oft beschworenen „Unteilbarkeit" und „Universalität" die *europäischen* Grund- und Menschenrechte keinesfalls absolut und für alle Menschen gleich gelten. Grund- und Menschenrechte werden interpretiert und eingeschränkt. Dieses instrumentelle Verständnis von grundlegenden Rechten vermengt mit Stereotypen über *den Islam* führt dann zur Diskriminierung ganzer Bevölkerungsteile.

Wenn das Konzept der *europäischen* Grund- und Menschenrechte weiterhin wirkmächtig und damit die Charta der Grundrechte der Europäischen Union Gültigkeit beanspruchen will, ist ein anderes Verständnis dieser Rechte notwendig; ein Verständnis, in dem diese Rechte nicht an den Außengrenzen der Europäischen Union enden und nicht je nach politischer Stimmungslage eingeschränkt werden können. Zu diesem Verständnis gehört dann ebenfalls, dass gesellschaftliche Ungleichbehandlungen, Vorurteile, Stereotypen und Diskriminierungen wahrgenommen und bekämpft werden und das auch dann, wenn diese in offiziellen Erklärungen verwendet werden. Ich bin der Meinung, dass im baden-württembergischen *Muslimtest* vor allem auch deutlich wird, wie sehr die staatliche Integrationspolitik in Deutschland geprägt ist von einer Wahrnehmung von *(muslimischen) MigrantInnen* als *Andere* und *Fremde*. So lange dieses *Othering* nicht überwunden wird und alle Menschen als gleichberechtigt anerkannt werden, bleibt die Gefahr von Grundrechtseinschränkungen bestehen.

Referenzen

Böcker, Anna (2011): Integration. In: Arndt, Susan /Oftuatey-Alazard, Nadja (Hrsg.). (K)Erben des Kolonialismus im Wissensarchiv deutsche Sprache. Ein kritisches Nachschlagewerk. Münster: Unrast-Verlag, 347-364.

Bundesministerium der Justiz (2011a): Staatsangehörigkeitsgesetz. Text abrufbar unter: www.gesetze-im-internet.de/bundesrecht/rustag/gesamt.pdf, (Zugriff am 20.03.2012).

Bundesministerium der Justiz (2004b): Verordnung über die Durchführung von Integrationskursen für Ausländer und Spätaussiedler. Text abrufbar unter: www.gesetze-im-internet.de/bundesrecht/intv/gesamt.pdf (Zugriff am 19.03.2012).

Bundesministerium der Justiz (2008c): Verordnung zu Einbürgerungstest und Einbürgerungskurs (Einbürgerungstestverordnung). Text abrufbar unter:
http://www.gesetze-im-internet.de/bundesrecht/einbtestv/gesamt.pdf (Zugriff am 19.03.2012).

Charta der Grundrechte der Europäischen Union (2000). Text abrufbar unter:
http://www.europarl.europa.eu/charter/pdf/text_de.pdf (Zugriff am 04.04.12).

Deutscher Bundestag (2006a): Antrag der Fraktion BÜNDNIS 90/DIE GRÜNEN. So genannter Muslimtest in Baden-Württemberg – Verfassungsrechtlich problematische Gesinnungstests beenden. Text abrufbar unter:
http://dip21.bundestag.de/dip21/btd/16/003/1600356.pdf (Zugriff am 21.03.2012).

Deutscher Bundestag (2006b): Plenarprotokoll der 11. Sitzung vom 19.01.2006, 754-776. Text abrufbar unter: http://dip21.bundestag.de/dip21/btp/16/16011.pdf (Zugriff am 21.03.2012).

Gössner, Ralf (2006): Rechtspolitisch-gutachterliche Stellungnahme zum Gesprächsleitfaden für Einbürgerungsbehörden in Baden-Württemberg. Text abrufbar unter: http://www.igmg.de, (Zugriff am 21.03.2012).

Grundgesetz für die Bundesrepublik Deutschland (2004): Bonn. Bundeszentrale für politische Bildung.

Hamburgisches Weltwirtschaftsinstitut (Hrgs.): focus MIGRATION. Fördern Pflicht-Integrationskurse in Westeuropa die Integration von Zuwanderern?
Text abrufbar unter:
http://focus-migration.de/uploads/tx_wilpubdb/-KD08_Integrationskurse_01.pdf (Zugriff am 20.03.2012).

Innenministerium Baden-Württemberg (2006): Bekenntnis zur freiheitlichen demokratischen Grundordnung nach dem Staatsangehörigkeitsgesetz. Gesprächsleitfaden für die Einbürgerungsbehörden. Überarbeitete Version vom 18.04.2007. Text abrufbar unter:
http://www.innenministerium.badenwuerttemberg.de/fm7/2028/Ge%E4nderter%20Gespr%E4chsleitfaden.pdf (Zugriff am 19.03.2012).

Innenministerium Baden-Württemberg (2005): Keine Diskriminierung islamischer Einbürgerungsbewerber. Eine Kopie des Textes ist abrufbar unter:
http://tobiaspflueger.twoday.net/stories/1377660/ (Zugriff am 19.03.2012).

Forum Menschenrechte (2008): Rassistische Diskriminierung in Deutschland unterbinden. Parallelbericht an den UN-Antirassismusausschuss zum 16.–18. Bericht der Bundesrepublik Deutschland nach Artikel 9 des Internationalen Übereinkommens zur Beseitigung jeder Form von rassistischer Diskriminierung. Text abrufbar unter:
http://www.forum-menschenrechte.de/cms/upload/-Schattenbericht_Rassismus.pdf (Zugriff am 20.03.2012).

MiGAZIN (01.08.2011): Bilkay Öney hebt Gesinnungstest auf – das Ende eines beispiellosen Kapitel. Text abrufbar unter: http://www.migazin.de/2011/08/01/bilkay-oney-hebt-gesinnungstest-auf/ (Zugriff am 19.03.2012).

Sow, Noah (2011): Schwarzafrika. In: Arndt, Susan /Oftuatey-Alazard, Nadja (Hrsg.). (K)Erben des Kolonialismus im Wissensarchiv deutsche Sprache. Ein kritisches Nachschlagewerk. Münster: Unrast-Verlag, 667-668.

taz (2006a): Die Gesinnungsprüfung. Text abrufbar unter: http://www.taz.de/1/archiv/archiv/?dig=2006/01/04/a0154 (Zugriff am 19.03.2012).

taz (2006b): OSZE gegen Leitfaden. Text abrufbar unter: http://www.taz.de/1/archiv/?id=archivseite&dig=2006/01/26/a0119 (Zugriff am 21.03.2012).

United Nations (2008): Report of the Committee on the Elimination of Racial Discrimination. Text abrufbar unter: http://daccess-ods.un.org/TMP/546223.33496809.html (Zugriff am 20.03.2012)

Artikel 22: Vielfalt der Kulturen
Achtung der Vielfalt der Kulturen in Frankreich

Saskia Tanja Petersen

Im Zentrum dieses Beitrages steht der Artikels 22 – „Achtung der Vielfalt der Kulturen" der Grundrechtecharta. Näher erläutert werden soll an dieser Stelle, inwieweit die Baskische Sprache in Frankreich juristisch geschützt und deren Anwendung in der Praxis möglich ist. Die Auswahl des Gegenstands ist zu begründen mit der Andersartigkeit und Faszination der des Baskischen, der ältesten europäischen Sprache, deren Ursprung und Wurzeln bis heute noch unbekannt sind. Hinzu kommt, dass die Basken seit Jahrzenten keinen juristischen Status besitzen, sodass sich eine nähere Betrachtung und Untersuchung der Wirkung der Grundrechtecharta auf die französische Gesetzgebung anbietet. Außerdem kann vermitteltes Wissen und Aufklärung über unterdrückte Sprachen helfen, die sprachlichen Rechte von Minderheiten gerechter zu behandeln, sie zu achten und durchzusetzen. Sprache ist ein zentraler Teil der kulturellen Identität und sofern eine Unterdrückung jener vorhanden ist, wird eines Tages ein folgenreicher und in diesem Fall ein in höchstem Maße zu bedauernder Sprachentod unabwendbar sein. Zudem lässt sich hinzufügen, dass die Grundrechte meiner Meinung nach ein Mindestmaß an Würde und Respekt verschiedener Gruppierungen darstellen, das in jedem Fall unabdingbar ist.
Frankreich verfügt über eine lange sprachpolitische Tradition (Bochmann 1989), insbesondere nach der Französischen Revolution hat sich ein besonderes Sprachbewusstsein entwickelt. Das Jahr 1789 stellt nach Bochmann eine weitreichende Epochenzäsur des neuen Zeit-

alters der Sprachpolitik dar. Mit dem Gedanken der Einheit der Staatsnation und der freiheitlichen Sprache geht er mit der Uniformisierung des Französischen und seiner Universalisierung einher.

Der Artikel 22 weist, wie bereits angedeutet, ein hohes Maß an Willen zur Achtung der Vielfalt der Kulturen auf. Ein nationales Pendant in der französischen Verfassung gibt es hierzu nicht. Die „Constitution de la République française", seit 1958 in Frankreich geltend, gibt einzig und allein eine Information über die Sprache in Artikel 75 Abs. 1, in dem es heißt, die regionalen Sprachen seien das Erbe Frankreichs. Es wird weder ausgeführt, wie dieses Erbe geschützt werden soll, noch welches die anerkannten regionalen Sprachen Frankreichs sind. Durch diese uneindeutige Formulierung bleibt unbestimmt, welche Sprachen schützenswert sind. Im zweiten Artikel der französischen Nationalverfassung heißt es dagegen sehr deutlich, Französisch sei die Sprache der Republik.

Die baskische Sprache besitzt keinen Rechtsstatus in der vom Baskischen geprägten Region Nord-Euskara. Das bedeutet beispielsweise, dass es einem französischen Basken gesetzlich nicht gestattet ist, sich in einem Rechtsstreit auf Baskisch auszudrücken[1], was als sehr problematisch beschrieben werden muß, wenn berücksichtigt wird, dass im Jahr 2001 noch mehr als 75% der Basken einsprachig lebten. Unter anderem auf diese Weise werden den Basken im alltäglichen Leben elementare sprachlich-kulturelle Rechte verweigert, mit

---

[1] Institut de Sociolingüística Catalana; „Le Basque en France"; Text abrufbar unter
http://www.uoc.edu/euromosaic/web/document/basc/fr/i3/i3.html
(Zugriff am 30.03.2012)

dem Verweis, der Gebrauch der Minderheitensprachen verstoße gegen Artikel 2 der französischen Verfassung. Dieser Artikel schreibt in allen Bereichen des öffentlichen Lebens die Voranstellung des Französischen fest und erklärt es als alleinige Amtssprache. Ursprünglich sollte dieser Paragraph der Anglifizierung des Französischen entgegenwirken, aber naturgemäß hat er mit aller Konsequenz vor allem die Sprachminderheiten im eigenen Land getroffen. Daher kämpfen seit Jahrzehnten Bürgerrechtsbewegungen dafür, dass auch für sie die europäischen Maßstäbe des Minderheitenrechts für Sprachautonomie gelten. Beispielsweise traten Aktivisten in Hungerstreiks, um die Dringlichkeit der Durchsetzung ihres Willens kenntlich zu machen. Außerdem wurden Präfekturen und Bahnhöfe in ganz Frankreich besetzt. 1998 jedoch unterzeichnete der Präsident Jaques Chirac die Charta der Regional- und Minderheitensprachen des Europarates. Mit der Unterzeichnung, aber nicht Ratifizierung, wollte man sich nur auf jene Bereiche der Charta beschränken, die das linguistische Erbe Europas fördern könnte, während man den Angehörigen von Regional- und Minderheitensprachen keine Kollektivrechte zuerkannte. Die Charta schützt und fördert Regional- und Minderheitensprachen Europas und achtet dabei das unverzichtbare und allgemein anerkannte Recht, im öffentlichen Leben und im privaten Bereich, eine Regional- oder Minderheitensprache zu gebrauchen. Trotz dieses minimalen Schrittes nach vorne scheint aus der Sicht der Betroffenen eine Wandlung und Revision des Artikels 2 der Verfassung weiterhin unabdingbar zu sein. Dies ist jedoch nur durch einen Volksentscheid, der mit einer zwei-Drittel-Mehrheit des Parlaments eingeleitet werden kann, zu erreichen.

Die baskische Sprache wird oft zugunsten der Aufrechterhaltung des Wertes der Freiheit diskriminiert, so auch in der Öffentlichkeit durch berühmte, politische Mandatsträger, wie beispielsweise den damaligen Innenminister Nicolas Sarkozy, der 2007 sagte:
„Je souhaite que leur enseignement soit correctement pris en charge.... mais je ne serai pas favorable à la Charte européenne des langues régionales. Je ne veux pas que demain un juge européen puisse décider qu'une langue régionale doit être considérée comme langue de la République au même titre que le français. [...] Les minorités n'ont pas à complexer la majorité, uniquement parcequ'elle est majoritaire".[2]
Sarkozy machte deutlich, dass er die Europacharta nicht unterzeichnen lassen wollte, da er sonst Staatssouveränität an die EU abgegeben hätte und diese wiederum über den Status der Regional- und Minderheitensprachen bestimmen und ihnen einen ähnlich wichtigen und anerkannten Status, wie ihn das Französische besitzt, hätte geben können. Ebenfalls sprach sich im Jahre 2004 der Bürgermeister der Stadt Bayonne, die Mitten im französischen Baskenland in der Region Aquitanien liegt, Jean Grenet, gegen andere Sprachen als Französisch aus.
Die französische Regierung betreibt eine unzureichende bis gar keine Minderheitenpolitik, um die Rechte der

---

[2] Eigene Übersetzung: "Ich wünsche mir, dass ihr Unterricht korrekt übernommen wird (...). Aber ich werde mich nicht für eine Europäische Charta der regionalen Sprachen aussprechen. Ich will nicht, dass morgen ein europäischer Richter entscheiden kann, dass eine Regionalsprache zu einer (offiziellen) Sprache des Landes wird und damit den gleichen Stellenwert wie das Französische bekommt. Die Minderheiten dürfen bei der Mehrheit, nur aufgrund der Tatsache, dass sie die Mehrheit ist, keine Komplexe hervorrufen."

Basken zu schützen und zu wahren. Vor allem die immer noch andauernde aggressive und teilweise propagierte Französisierungspolitik wirkt sich sehr bedrohlich auf die baskisch Sprechenden aus. Frankreich ist ein sehr gutes Beispiel dafür, dass Zentralismus und Minderheitenschutz sich schlecht vertragen. Dieses Beispiel zeigt die Problematik des Modells, zu dem es lange Zeit, insbesondere seit der Französischen Revolution von 1789, gehörte: Das Zentrum gilt als Sitz der Kultur und des Fortschritts und die Provinz hingegen ist als Quelle der Rückständigkeit anzusehen und somit mit ihren Minderheiten nicht von Interesse. Solange der Artikel 2 der französischen Verfassung nicht umformuliert und somit nicht drastisch zugunsten der anderssprachigen Minderheiten im Land ausfällt, sehe ich keine realistischen Chancen für die Basken, einen juristischen Status und volle Anerkennung in jedem Lebensbereich zu erlangen. Denn die jetzige Verfassung mit ihren Änderungsbestimmungen dient den Minderheitenschutzgegnern als willkommenes Mittel, jeglichen Fortschritt zu verzögern.

Referenzen

Bochmann, Klaus; (1989): „Regional- und Nationalitätensprachen in Frankreich, Italien und Spanien"; VEB Verlag, 37

Bochmann, K.; (1993): „Theorie und Methoden der Sprachpolitik und ihrer Analyse"; S.3

Brumme, Bochmann; (1993): „Zur Differenzierung von Sprachpolitik, Sprachenpolitik, Sprachplanung"; S.62

Christmann; (1986): Sprachpolitik und Sprachpflege im Frankreich der 80-er Jahre": défense, illustration, diffusion"; S.15

Coiplet, Sylvain; Minderheitenrechte und Gruppenrechten und individuellen Rechten; Text abrufbar unter: http://www.dreigliederung.de/download/minderheiten.pdf (Zugriff am 29.03.2012)

Demokratie muss Grenzen haben, Text abrufbar unter http://www.mehr-freiheit.de/faq/demokrat.html (Zugriff am 29.03.2012)

Europäische Charta der Regional- und Minderheitensprachen; Europäischer Rat: (1998); Text abrufbar unter http://conventions.coe.int/Treaty/ger/Summaries/Html/148.htm (Zugriff am (30.03.2012)

Hoffmann, André; (2006): Der Liberalismus: das Dilemma von Freiheit und Gleichheit abrufbar unter: http://www.forum.lu/pdf/artikel/5950_262_Hoffmann.pdf (Zugriff am 29.03.2012)

Macher, Julia; (2009): Baskisch – Europas älteste Sprache der Welt. Text abrufbar unter: http://www.dw.de/dw/article/0,,4700331,00.html (Zugriff am 29.03.2012)

Mayr, Wolfgang; (1999): „Sprachenchart jetzt ratifizieren – Frankreichs Sprachminderheiten brauchen dringend Schutz"; aus der Zeitschrift Progrom – Zeitschrift für bedrohte Völker Nr. 204; Text abrufbar unter http://www.gfbv.de (Zugriff am 30.03.2012)

Menschenrechtsreport Nr. 63 der Gesellschaft für bedrohte Völker; (2010): „Bedrohte Sprachen – Gefahr für Minderheiten weltweit; Text abrufbar unter http://www.gfbv.de/uploads/download/download/85.pdf (Zugriff am 30.03.2012)

Organisation in favour of the language rights of the Basque speakers; (2007): „Attitude of the French State: Discrimination in the name of equality"; S.3; Text abrufbar unter: http://www2.ohchr.org/english/bodies/cescr/docs/cescrwg38/basque_en.pdf (Zugriff am 30.03.2012)

Ibid. Organisation in favour of he language rights oft he Basque speakers; (2007): „Attitude of the French State: Discrimination in the name of equality"; S.3;

Plass, Christopher; (2007): Was bringt die neue Grundrechtecharta? Ein EU-Abkommen für Jedermann, Text abrufbar unter:
http://www.tagesschau.de/ausland/grundrechtecharta2.html (Zugriff am 29.03.2012)

Schule der Demokratie; abrufbar unter
http://www.ecoledelademocratie.org/de/definitionsde.html (Zugriff am 29.03.2012)

Für ein Recht auf Rechte in Europa

Ein dekonstruierender Blick auf Europa durch „die Anderen"

Fabian Schrader

„In Vielfalt geeint", so lautet seit 2000 das „Europamotto", welches die Geschlossenheit und Solidarität sowie die gemeinsame Identität der Mitglieder der Europäischen Union ausdrücken soll. Die Europäische Union zieht nicht zuletzt ihre identitätsstiftende Kraft aus „der gemeinsamen Geschichte, der geografischen Lage, den gemeinsamen historischen Errungenschaften, den Ähnlichkeiten in Gesellschaft, Kultur und Politik, den dichten Formen von Verbundenheit und Austausch und den geteilten Werten" (Mau/Verwiebe 2009:15).

Zugleich bedeutet das Vorhandensein einer europäischen Identität auch das Erstarken einer exklusiven Zugehörigkeit: EuropäerIn (bzw. EU-BürgerIn) zu sein heißt auch privilegiert in Europa reisen und arbeiten zu können und unionsweit eine gewisse Rechtssicherheit zu genießen, während außereuropäische MigrantInnen, in Abhängigkeit ihres Herkunftslandes, verschiedenste bürokratische und andere Hürden nehmen müssen, um sich ebenfalls frei in Europa bewegen zu können. Und obwohl von Seiten der Europäischen Union Migration als unabdingbarer Bestandteil des wirtschaftlichen Erfolges und Fortbestehens Europas, sowie als Gegengewicht zum demographischen Wandel verstanden wird und die eigene europäische Historie als eine „Tradition der Offenheit" beschrieben wird, scheint es in Europa Trennlinien zwischen „erwünschten" und „unerwünschten" MigrantInnen zu geben.

Diese Trennlinien folgen soziopolitischen Kategorien und Rollenzuschreibungen, die den MigrantInnen durch die Migrationspolitik(en) der EU und ihrer Mitgliedsstaaten legislativ verordnet werden und in deren Zusammenhang sich auch bestimmte Migrationsoptionen öffnen oder verschließen. Gleichwohl lässt sich auch ein allgemeines Phänomen der „securisation" (vgl. Huysmans 2000) von MigrantInnen beobachten – in den politischen Diskursen werden EinwanderInnen dabei oft kriminalisiert und stellen zudem die jeweiligen nationalen Identitäten infrage. Hierbei gibt es zwischen den UnionsbürgerInnen (die ohnehin frei innerhalb der EU migrieren können) und jenen MigrantInnen, denen kein anderer Zugang zu Europa als die illegale Migration bleibt, verschiedenste Graustufen: So scheint vor allem MigrantInnen aus dem „westlichen Kulturraum" das MigrantIn-Sein weniger als pejorative soziale Kategorie angehaftet als MigrantInnen aus dem afrikanischen und asiatischem Raum. Mit der Verlagerung der Migrations- und Asylpolitik auf die supranationale Ebene stellt sich somit die Frage, wie Europa als Ganzes Bilder von MigrantInnen und damit auch ein Stück weit seine eigene Identität konstruiert und wie beides in der Öffentlichkeit debattiert wird.
Die Europäische Union wurde und wird im Hinblick auf die Frage nach der Migration innerhalb und nach Europa immer wichtiger. Seit dem Vertrag von Amsterdam besitzt die Europäische Union weitgehende Kompetenzen im Bereich der gemeinsamen Einwanderungs- und Asylpolitik. Der Versuch eines einheitlichen europäischen

Asyl- und Migrationssystems gestaltet sich jedoch aufgrund der geographischen Diversität sowie der „historischen Verbindungen und Verpflichtungen, zum Beispiel gegenüber ehemaligen Kolonien, und außenpolitischen Interessen des jeweiligen Landes" (Kreienbrink 2003:50) nicht konfliktfrei. Welchen Nachholbedarf die europäische Migrationspolitik nach Jahren der nationalstaatlichen Alleingänge hatte, machte die Europäische Kommission in einer Mitteilung von 2000 deutlich und plädierte somit für eine Reform der Migrationspolitik, die immer noch im Zeichen der Wirtschaftskrise der 1970er Jahre stand: „Wie die Analyse des wirtschaftlichen und demographischen Kontextes der Union und der Herkunftsländer zeigt, nimmt das Bewusstsein dafür zu, dass die auf Einwanderungsstopp angelegten Maßnahmen der vergangenen 30 Jahre der heutigen Lage nicht mehr entsprechen" (KOM (2000)757:3). Die unterschiedlichen Zugangsmöglichkeiten zur Europäischen Union bzw. dem Schengenraum und die besonderen Rechte der darin lebenden UnionsbürgerInnen sind in gewisser Hinsicht Hinweis für Europas postkoloniales Verständnis zur Welt.

In den postkolonialen Theorien wird davon ausgegangen, dass die durch die Kolonialisierung entstandenen Machtbeziehungen auf der Welt nicht nur auf die Dichotomie von Kolonialstaaten und Kolonien beschränkt bleiben, sondern dass die sozio-ökonomischen, politischen und kulturellen Aspekte der Kolonialisierung sämtliche Staaten nachhaltig beeinflusst haben und sich ein Dualismus zwischen „Wir" und „den Anderen" durch verschiedenste „Pseudolegitimationen" entwickelt hat. Exemplarisch für diese Theorieschule möchte ich gerne auf Edward Saids „Orientalimsus" (1977), welcher als Gründungstext des Postkolonialismus angesehen wird, und Gayatri Chakravorty Spivaks „Can the subaltern speak?" (1988) zurückgreifen, um aufzuzeigen, inwiefern die europäische Migrationspolitik stark postkolonial geprägt ist. Ausgangspunkt postkolonialer Betrachtungen ist vor allem der im Zuge der europäischen Expansion und Kolonialismus aufgekeimte Eurozentrismus, insbesondere auch der Wissenschaften, welcher es ermöglichte, außereuropäische Zivilisationen aus der Moderne definitorisch auszuschließen, da sie folglich in ihren Errungenschaften am europäischen Maßstab gemessen wurden und somit zum „Anderen" deklariert wurden. Diese binäre Codierung zwischen „europäisch-modern" und „außereuropäisch-unterentwickelt" ist die grundlegende Dichotomie des postkolonialen Ansatzes.

Durch dieses *Othering*, also das Definieren des „Anderen", erfolgte eine Entwertung der Subjektivität der Kolonialisierten bis hin zur Objektivierung, so dass die Repräsentation außereuropäischer Bevölkerungsgruppen durch die europäischen Erfahrungen und Wissenschaften quasi übernommen wurde. Said fasst unter dem Begriff des „Orientalismus" den eurozentrischen Blick auf die Arabische Welt und die damit verbundene Konstruktion einer kollektiven Identität zusammen. Die Vorstellung einer „orientalischen Kultur" erscheint bei Said als „europäischer Monolog, der von westlichen Kategorien und Annahmen und nicht von einer außerdiskursiven Realität des Orients geprägt ist" (Conrad/Randeria 2002:23). Der „orientalischen Welt" wird somit eine kollektive Identität erteilt, die Said aufgrund des hohen Grades an Zuschreibungen als „european invention" (Said 1977:1) beschreibt. Die Theorie des Orientalismus (und somit auch viele nachfolgende postkoloniale Theorien) verfolgt dabei den Gedanken Michel Foucaults und seiner Diskurstheorie, wonach Macht aus Wissen erwächst, jenes Wissen jedoch keine objektive Realität wiedergeben kann, sondern immer beeinflusst ist von den jeweils bereits herrschenden Machtstrukturen. Dabei werden „die Anderen" zu den absoluten Gegenstücken der EuropäerInnen - Said sieht die Menschen der orientalischen Welt also innerhalb eines europäisch geschaffenen Dualismus verortet, in welchem Europa selbst die superiore Position einnimmt. Said bettet seinen Orientalismus so auch in einen viel breiteren Fokus ein: „a collective notion identifying ‚us' Europeans as against all ‚those' non-Europeans" (Said 1977:7). Auch bei Gayatri Chakravorty Spivak erhält das *Othering* in ihrem Werk „Can the Subaltern speak?" von 1988 eine überaus sozioökonomische Dimension. Als Subalterne bezeichnet Spivak „einen Raum, der innerhalb eines kolonialisierten Territoriums von allen Mobilitätsformen abgeschnitten ist" (Castro Varela/Dhawan 2005:58) und deren Menschen keiner der hegemonialen Klassen des Kolonialismus angehören. Für Spivak ist der Postkolonialismus und dessen herrschender Diskurs ein Produkt, welches sowohl zu kolonialen als auch postkolonialen Zeiten maßgeblich von der epistemischen Gewalt („epistemic violence") der Kolonisierenden geprägt sei. Spivaks Hauptaussage ist, dass die ArbeiterInnen der Peripherie in der internationalen Arbeitsteilung weder ihre eigenen Interessen vertreten können, noch in diesem Kontext die Möglichkeit haben, ihre eigene wahrnehmbare Identität zu konstruieren, da sie sich im postkolonialen Diskurs nicht selbst repräsentieren können (vgl. Spivak 1988:73). Knapp zusammen-

gefasst antwortet sie auf die Frage, ob Subalterne sprechen können: „The subaltern cannot speak" (ebd.:104). Damit räumt sie dem eurozentrischen, (post)kolonialen Diskurs die absolute Macht ein (vgl. Grimm 1997:3).
Die Verlagerung der traditionell innenpolitischen Angelegenheit der Migrationssteuerung auf die europäische Ebene stellt einen Einschnitt in das Souveränitätsrecht der Mitgliedstaaten dar. Schließlich wird mit der Abgabe der migrationspolitischen, nationalen Kompetenz theoretisch viel Definitionshoheit über das „Staatsvolk", das „Wir" und die nationale Identität abgegeben. Diese Lücke soll dabei durch das Konzept der europäischen Identität und die Arbeit des europäischen Migrationssystems, welches theoretisch über die Definition und Konstitution eines „europäischen Volkes" entscheidet, gefüllt werden, auch wenn dafür (noch) die umfassenden supranationalen Kompetenzen fehlen. Allein anhand der Visumspolitik und der (zumindest somit temporär legitimierten) Zuwanderung in die EU lässt sich ein deutlicher kultureller Aspekt erkennen: So sind Brunei und Malaysia die einzigen Länder, in welchen sich der Großteil der Bevölkerung zum muslimischen Glauben bekennt, aus welchen BürgerInnen visumsfrei in den Schengenraum einreisen dürfen. Hingegen sind nicht nur die „klassischen" westlichen Länder wie die USA und Kanada von der Visumspflicht befreit, sondern auch ehemalige Siedlungskolonien, deren ethnische Zusammensetzung und dominierende Kultur sich als Folge der europäische Expansionspolitik zu einem Großteil aus ihren eigenen Kolonialstaaten herleiten lässt und die wirtschaftlich auf einem sehr hohen Niveau stehen (so wie etwa Australien und Neuseeland). Aber auch vermeintlich wirtschaftlich weniger entwickelte Staaten, die mehrheitlich christlich

geprägt sind und deren Kulturen ebenfalls europäisch geprägt sind, bleiben von der Visumspflicht befreit – so etwa Venezuela oder Honduras. Visa werden dabei unter anderem nach dem Kriterium der „Sicherheit" vergeben. Konkret wird versucht zu ermitteln, ob bei den AntragstellerInnen ein Risiko auf illegale Einwanderung mittels „overstaying", also dem Verbleib im europäischen Hoheitsgebiet nach Ablauf des Visums, oder eine kriminelle Bedrohung besteht.

Die europäische Migrationspolitik scheint also bezüglich ökonomischer, sicherheitsrelevanter und kultureller Aspekte die Zuwanderung nach Europa zu steuern und zu legitimieren. Die Steuerung geschieht mit Hilfe eines Schemas, in welchem „MigrantInnen (...) Objekte, Zahlen, Typen (sind), die nach Kategorien sortiert und in diverse Ordnungsschemata eingeordnet werden" (Müller 2010:48). Dabei scheint Angst die treibende Kraft hinter der rigiden Zuwanderungspolitik zu sein: Angst vor kultureller „Verfremdung", ethnischen Konflikten, ökonomischen bzw. sozialstaatlichen Überforderungen und in diesem Zusammenhang auch eine scheinbare Angst davor, Verantwortung für Asylsuchende übernehmen zu müssen (vgl. Huysmans 2000:756). Die europäische Migrationspolitik ist somit ein Resultat des durch den Eurozentrismus geschaffenen „Anderen" und positioniert Europa scheinbar immer in Opposition zu den MigrantInnen, welche dem europäischen Bild nicht konform werden bzw. dies auch nicht können. Selbst auf ökonomischer Ebene ist die Unterscheidung zwischen „europäisch/westlich-modern" und „außereuropäisch/ nichtwestlich-unterentwickelt" erkennbar: Hinsichtlich der Arbeitsmigration nach Europa sind ausschließlich Fachkräfte erwünscht (obgleich jedes Mitgliedsland der EU seinen Zugang zum nationalen Arbeitsmarkt souverän regelt) – geringqualifizierte EU-BürgerInnen hingegen dürfen unionsweit einer Arbeit nachgehen und genießen zudem ein Diskriminierungsverbot. Die Nachfrage nach Arbeitskräften soll also primär durch europäische ArbeitnehmerInnen gedeckt werden und nur sekundär durch MigrantInnen aus Drittstaaten.

Ausgehend vom postkolonialen Ansatz spielt allerdings vor allem die Konstruktion sowohl der europäischen als auch der außereuropäischen Identitäten eine entscheidende Rolle. Laut Edward Said sind die Reaktionen auf das Fremde, das Andere, Grenzziehungen, Exklusion und Immobilität. Das derzeitig etablierte europäische Migrationsregime betont dabei nicht nur mit FRONTEX die Wichtigkeit der Absicherung der EU-Außengrenzen, sondern zieht mit seiner extraterritorialen Migrationspolitik immer weitere Grenzen: Die direkten EU-Nachbarstaaten bzw. die nordafrikanischen Länder als Mittelmeeranrainer werden aufgrund der Unterstützung hinsichtlich ihrer Grenzkontrollen zu einer vorverlagerten Grenze, wenn diese nicht sogar schon durch die ständigen Konsulate von EU-Staaten in eben jenen Drittländern, wo die jeweiligen Visa beantragt werden müssen, gezogen wird. Legale MigrantInnen aus Drittstaaten erfahren in Europa dabei nur begrenzte Partizipationsmöglichkeiten: Politisch bleibt ihnen ohne Staatsbürgerschaft jedwedes Stimmrecht verwehrt, ohne *Blue Card EU* genießen sie nicht die kompletten Vorteile der europäischen Freizügigkeit oder den Zugang zu den nationalen sozialen Sicherungssystemen. Illegale MigrantInnen verfügen dabei über kaum Rechtssicherheit oder soziokulturelle bzw. ökonomische Parti-

zipationsmöglichkeiten (von illegaler Arbeitstätigkeit abgesehen).
Obwohl die EU-Ebene das europäische Asylsystem durch entsprechende Richtlinien mehr und mehr zu vereinheitlichen versucht, bleibt es aktuell noch stark von den nationalen Einheiten geprägt. Eine Folge davon ist, dass angemessene und faire gerichtliche Verfahren nicht immer gewährleistet sind. Der kürzlich erfolgte Kollaps des griechischen Asylsystems beweist die Ineffizienz und die rechtlichen Mängel eines nationalen Systems. Die zum Teil rechtswidrigen Zurückweisungen an den EU-Außengrenzen bzw. die Ablehnung von Visa-Anträgen sind dabei Instrumente, welche Drittstaatsangehörige zur internationalen Immobilität zwingen.
MigrantInnen vertreten sich auch auf supranationaler Ebene nicht selbst, sondern sie werden vertreten: Mittels der europäischen Nachbarschaftspolitik werden die MigrantInnen als Menschen derjenigen Länder dargestellt, in welchen gravierende *Push-Faktoren* (wie Armut, politische Rechtlosigkeit oder Geschlechterungerechtigkeit) sie quasi zur Migration zwingen. Europa nimmt sich somit das Recht, nicht nur seine eigenen Interessen zu artikulieren, sondern mittels entwicklungspolitischer Arbeit auch die Interessen der betroffenen Drittstaaten und deren StaatsbürgerInnen: Die ökonomische, politische und kulturelle Entwicklung wird dabei nach dem europäischen Modell ausgerichtet. Bei der europäischen Nachbarschaftspolitik und den innewohnenden passiven, weil demobilisierenden Migrationspolitiken handelt es sich demnach um einen „Zivilisierungsdiskurs, der die Europäische Union an die Spitze einer Welthierarchie setzt, die sich aus dem historischen Erbe und der gegenwärtigen politischen Rolle ihrer Mitgliedstaaten, welche als

vorbildlich gelten, ableitet" (Boatcă 2010:342). Der Diskurs stützt damit auch die postkoloniale Betrachtung eines überlegenen Europas gegenüber „inferioren" Staaten, die die außereuropäische MigrantInnen und ihre Herkunftsländer mit pejorativen Bildern versieht. So werden MigrantInnen nach Europa zumeist als „Third World Immigrants" (Miles 1993:36) wahrgenommen und so scheinen die Herkunftsländer ebenfalls außerstande, ihre Grenzen zu kontrollieren (was jedoch ausdrücklich im Interesse Europas wäre) oder ihre kulturelle, politische oder wirtschaftliche Entwicklung ohne Europas Hilfe oder „zivilisatorisches Vorbild" aufrechtzuerhalten.

Das Vorhandensein und die Akzeptanz einer europäischen Identität werden damit essentiell für das Vertrauen und die Unterstützung für das europäische Migrationsregime. Diese Unterstützung durch die „subjektive Europäisierung" (Mau/Verwiebe 2009:295) kann mittels solcher exklusiver Symbole erfolgen, aber auch durch die konkrete Wahrnehmung von politischen Erfolgen, damit das europäische Projekt nicht nur ein ideeller, theoretischer Rahmen für die UnionsbürgerInnen bleibt, sondern mittels geschaffener Realität Emotionalität und somit auch Unterstützung schafft (vgl. Zowislo 2000:5). Dass diese Unterstützung bereits im Wanken ist, beweist der anhaltende Aufstieg rechtspopulistischer Parteien in ganz Europa, welche auch besonders migrationspolitisch argumentieren und die Rolle der Union und die Kraft der Supranationalität damit als gescheitert ansehen. Zusätzlich steht die europäische Identität aufgrund ihrer Abstraktion und des durch die europäische Diversität geschuldeten minimalen Identifikationsrahmens in einem Spannungsverhältnis zur nationalen Identität (vgl. Mau/Verwiebe 2009:305) und somit auch in einem

Spannungsverhältnis zwischen europäischen und nationalen Interessen. Die Unionsbürgerschaft, der Euro und andere Symbole Europas können insofern zu einem Zugehörigkeitsgefühl führen, welches nicht nur das europäische Migrationssystem stützen, sondern auch den UnionsbügerInnen zusätzlich zur Abgrenzung von außereuropäischen MigrantInnen dienen könnte. Und auch FRONTEX etabliert die europäischen Außengrenzen als politische Institution. Der Abbau der europäischen Binnengrenzen und die Verstärkung der Außengrenzen der Union haben somit eine supranationale Identität Europas nicht nur möglich, sondern auch notwendig gemacht. Einerseits wird mittels Symbolik und einer aktiven Migrationspolitik, die inner´-europäische Migration als Vielfalt und Chance anpreist, versucht, diese supranationale Identität herzustellen. Gleichzeitig wird diese europäische Identität durch Exklusion, Immobilität und passive Migrationspolitik gegenüber vielen Drittstaatsangehörigen umrahmt.

Da die teilweise Verlagerung der Migrationspolitik auf die supranationale Ebene die „konstitutionellen Fundamente im Selbstverständnis der Nationalstaaten berührt" (Birsl 2005:12), steht die Europäische Union vor einem grundsätzlichen Dilemma: Als ökonomischer Verbund wirtschaftsliberaler Ausprägung müsste die Europäische Union Offenheit für ArbeitnehmerInnen propagieren und sie allein nach ihrer wirtschaftlichen Integration und ihrer Leistungsfähigkeit beurteilen – dennoch bleibt die ArbeitnehmerInnenfreizügigkeit ein ungemeiner Vorteil der EU-BürgerInnen gegenüber MigrantInnen aus Drittstaaten. Denn als sozial konstruierter Raum, der zudem anfängt, identitätsstiftend zu wirken, verlangen die „politische und rechtliche Logik (...) eher Abschottung" (ebd.:50), um zum einen den nationalen Deutungshoheiten nicht entgegen zu steuern und sich selbst mittels innereuropäischer Diversität einen eigenen Identitätsrahmen zu schaffen. Zwar lässt sich Europa durchaus nicht als (ethnisch, kulturelles oder politisches) homogenes Gebilde definieren, doch stellt sich die Frage, „ob ‚Europa' zu definieren auch die Möglichkeit eröffnet, ‚EuropäerInnen zu definieren'. Genau diese Frage ist nun aber für die Analyse der institutionellen und ideologischen Aspekte des Rassismus von höchster Bedeutung" (Balibar 1990:12).

Referenzen

Balibar, Étienne (1990): Es gibt keinen Staat in Europa – Rassismus und Politik im heutigen Europa. In: Kalpaka, Annita/Räthzel, Nora (Red.): Rassismus und Migration in Europa. Hamburg: Argument Verlag.

Balibar, Étienne (2003): Sind wir Bürger Europas? Politische Integration, soziale Ausgrenzung und die Zukunft des Nationalen. Hamburg: Hamburger Edition.

Birsl, Ursula (2005): Migration und Migrationspolitik im Prozess der europäischen Integration? Opladen: Verlag Barbara Budrich.

Boatcă, Manuela (2010): Multiple Europas und die interne Politik der Differenz. In: Boatcă, Manuela/Spohn, Willfried (Hrsg.): Globale, multiple und postkoloniale Modernen. München: Rainer Hampp Verlag.

Conrad, Sebastian/Randeria, Shalini (2002): Geteilte Geschichten – Europa in einer postkolonialen Welt. In: Conrad, Sebastian/Randeria, Shalini (Hrsg.): Jenseits des Eurozentrismus – Postkoloniale Perspektiven in den geschichts- und Kulturwissenschaften. Frankfurt am Main: Campus-Verlag.

Foucault, Michel (1969): Archäologie des Wissens. Frankfurt am Main: Suhrkamp.
Foucault, Michel (1971): Die Ordnung des Diskurses. Frankfurt am Main: Fischer Taschenbuch Verlag.
Grimm, Sabine (1997): Einfach hybrid! – Kulturkritische Ansätze der Postcolonial studies. Text abrufbar unter: http://www.freiburg-postkolonial.de/Seiten/grimm-postkolonialismus.pdf (Zugriff: 16.02.2012).
Huysmans, Jef (2000): The European Union and the Securitization of Migration. In: Journal of Common Market Studies Vol.38. Berlin: Blackwell Publishers.
KOM (2000) 757: Mitteilung der Kommission über die Migrationspolitik der Gemeinschaft.
Kreienbrink, Axel (2003): Spanische Einwanderungspolitik im Spannungsfeld von europäischen Anforderungen und nationalen Interessen. In: Swiaczny, Frank/Haug, Sonja (Hrsg.): Migration – Integration – Minderheiten. Neuere interdisziplinäre Forschungsergebnisse. Wiesbaden: Bundesinstitut für Bevölkerungsforschung.
Mau, Steffen/Verwiebe, Roland (2009): Die Sozialstruktur Europas. Bonn: Bundeszentrale für politische Bildung.
Miles, Robert (1993): The Articulation of Racism and Nationalism: Reflections on European History. In: Solomos, John/Wrench, John (Hrsg.): Racism and Migration in Western Europe. Oxford/Providence: Berg.
Müller, Doreen (2010): Flucht und Asyl in europäischen Migrationsregimen – Metamorphosen einer umkämpften Kategorie am Beispiel der EU, Deutschland und Polens. Göttingen: Universitätsverlag Göttingen.
Said, Edward (1977): Orientalism. London: Penguin Books.
Sieveking, Klaus (2010): Zur Mobilisierung von politischen Beteiligungsrechten für nicht EU-angehörige Einwanderer. In: Zeitschrift für Parlamentsfragen, Heft 3/2010. Berlin: Deutsche Vereinigung für Parlamentsfragen.
Spivak, Gayatri Chakravorty (1988): Can the subaltern speak? In: Grossberg, Cary Nelson/Grossberg, Lawrence (Hrsg.):

Marxism and the Interpretation of Culture. Chicago: University of Illinois Press.

Zowislo, Natascha (2000): Auf der Suche nach einer europäischen Identität – Symbole, Mythen und Geschichtsdidaktik im Diskurs über die europäische Integration. Text abrufbar unter: http://www.uni-mannheim.de/mateo/verlag/diss-/zowislo/zowislo.pdf (Zugriff: 01.06.2012)

Perspektiven für ein gerechteres und freiheitlicheres Europa

Lena Graser und Henrike Müller

> „Das Schlimmste ist die Gleichgültigkeit"
> (Hessel 2011:13)

Haben wir in Europa ein Recht auf Rechte? Die Aufsatzsammlung zeigt eindrücklich, dass das Recht Rechte zu haben, wie es Hannah Arendt einst vorsah, in Europa derzeit nicht vollständig gegeben ist. Im Oktober 2012 erhielt die Europäische Union den Friedensnobelpreis; zu Recht als Anerkennung für 60 Jahre Friedens- und Aussöhnungspolitik innerhalb ehemals zutiefst zerstrittener Staaten. Zu Recht aber auch als Mahnung, den Weg und die Richtung nicht zu verlieren. Die Entscheidung des Friedensnobelpreiskomitees wurde von vielen Seiten gelobt, aber es war auch viel Kritik und Unverständnis zu vernehmen: Was ist das für ein Frieden, wenn in Teilen Europas noch vor 15 Jahren Krieg geführt wurde und europäische Wirtschaften vom Waffenexport in viele Länder (darunter auch Diktaturen) stark profitieren? Ist das Vorgehen im Mittelmeer gegen Flüchtlinge, welches zukünftig vielleicht durch den Einsatz von unbemannten Drohnen ergänzt wird, und das Menschen ihr Recht auf die Beantragung von Asyl nimmt, preiswürdig? Unabhängig davon, ob wir Zeitpunkt und Auszeichnung für gut und richtig befinden oder nicht, ermahnt uns dieser Preis, der nicht nur an „die Politik" geht, sondern an alle Europäerinnen und Europäer verliehen wurde zur Besinnung an unsere friedlichen Werte und daran, eben nicht gleichgültig gegenüber Diskriminierung, Ungleichbehandlung und Grundrechtsverletzungen zu sein.

Unbestritten ist, Grundrechte nehmen in Europa einen großen Stellenwert ein. Vor allem auf der strukturellen und der juristischen Ebene wurden wegweisende Schritte vollbracht; insbesondere die Aufnahme der Grundrechte ins Primärrecht und der damit einhergehenden Einklagbarkeit auch vor dem EuGH und die Gründung der Europäischen Grundrechteagentur, die nicht zuletzt auf Rechtsverletzungen und Missstände aufmerksam macht und diese aufarbeitet. Auch auf der Implementationsebene gibt es vielfältige europäische Tätigkeiten und Förderungsprogramme, beispielsweise das EU-weite Netzwerk EURoma (European Network on Social Inclusion and Roma under the Structural Funds), den regelmäßigen Dialog der Europäischen Kommission mit religiösen Einrichtungen oder der seit 2011 europaweit organisierte Equal Pay Day – um nur einige wenige zu nennen.

In diesem Band stehen die Nationalstaaten im Vordergrund und daher ist es vor allem die nationalstaatliche Ebene auf der Defizite festgestellt wurden. Ausgesuchte Grundrechte, so wie sie in der Europäischen Grundrechtecharta für alle in der EU lebenden Menschen bzw. EU-Bürgerinnen und Bürgern Gültigkeit haben, werden in vielen EU-Staaten verletzt. An dieser Stelle ist wichtig festzuhalten, dass unsere exemplarischen Beobachtungen und Analysen keine Rückschlüsse auf bestimmte Kategorisierungen europäischer Länder anbieten. Grundrechtsverletzungen geschehen im Osten der EU ebenso wie im Westen, im Norden wie im Süden des Kontinents.

Was können wir in Europa tun? Wahrnehmen und Handeln ist unser Resümee in diesem Grundrechteband. Mit den Untersuchungen geht es uns einerseits darum, ein gewisses Bewusstsein und Wissen zu schaffen, dass Menschenrechte nicht nur in entfernten undemokratischen Staaten verletzt werden und dies von vielen EuropäerInnen lautstark und zu Recht kritisiert wird, sondern dass Verletzungen eben auch hier, vor Ort, stattfinden. Andererseits müssen diese Missstände auch kritisiert und bekämpft werden, um Verbesserungen herbeiführen zu können. Es soll uns nicht gleichgültig sein, wenn Flüchtlingen in Deutschland das Recht auf Schulbildung verwehrt bleibt oder Roma in europäischen Ländern tagtäglichen Diskriminierungen ausgesetzt sind. Daher möchten wir im folgenden Teil einige Perspektiven aufzeigen, welche Schritte auf dem Weg hin zu einem solidarischeren Europa, das sich auf universale, kosmopolitische und inklusive Werte stützt, gegangen werden können.

Ein ganz wesentlicher Punkt ist die Frage nach einer Europäischen Identität. Spätestens seit Einführung der Unionsbürgerschaft mit dem Vertrag von Maastricht wurde das exklusive Verständnis einer europäischen Identitätsförderung deutlich: Es geht darum, die Rechte „innen", also für Bürgerinnen und Bürger der EU, auszubauen. Prinzipiell ist die Idee der Erweiterung der rein nationalstaatlichen Denkweise zu begrüßen, doch wird der Gedanke der UnionsbürgerInnenschaft nicht zu Ende gedacht. Denn wo einerseits Freiheiten entstehen, nehmen Einschränkungen auf der anderen Seite zu, nämlich außerhalb der EU-Grenzen, für sogenannte Drittstaatsangehörige. Ob auf dem Arbeitsmarkt, im Bildungsbereich oder in der irregulären Migrationspolitik – diese Logik der Unterscheidung mit all ihren zusammenhängenden Folgen wird immer deutlicher.

Als Konsequenz muss auf verschiedenen Ebenen gehandelt werden: Vordergründig sollte der Prozess einer zunehmenden Abkapselung von Europa in einen Prozess eines offenen und verantwortungsvollen Kontinents gewandelt werden. Dazu gehört etwa die Abschaffung von Visumspflichten, die eine Hierarchisierung von Staaten implizieren und befördern. Hervorheben möchten wir an dieser Stelle insbesondere die Türkei, zu der viele EU-Staaten seit Jahrzehnten eine enge Partnerschaft verbindet, und dennoch keine Liberalisierung der restriktiven Visumsbestimmungen in Sicht ist. Insgesamt muss der Bereich der legalen Migration deutlich ausgeweitet werden und sich nicht nur auf hochqualifizierte Fachkräfte beschränken; denn aktuell bleibt Menschen aus „Drittstaaten" oft nur die illegale Migration, um überhaupt einen Fuß in die EU setzen zu können.

Diesen plastischen Barrieren liegen jedoch tief sitzende innere Barrieren zu Grunde – sie lassen sich in der Frage nach europäischen Werten und einer europäischen Identität kumulieren. Was Europa ist und wo seine Grenzen liegen, unterliegt einem steten Wandel und ist nicht zuletzt Ausdruck gesellschaftlicher Strömungen und politischer Mehrheiten. Dies wird beispielsweise bei der europaweit geführten Islamdebatte und der Frage, ob der Islam nun zu Europa gehört oder nicht, deutlich. Die Tatsache, dass der Islam jahrhundertelang auch in Regionen vorherrsche, die momentan völlig unstrittig zu Europa gezählt werden (Spanien, Portugal, Balkanregion), ist dabei nur ein möglicher Weg, der Debatte zu begegnen. Ein anderer ist die Perspektive auf das heutige Europa als kulturellen Raum, in dem Sprachen, Kulturen und eben auch Religionen zusammentreffen in Folge von Migrationen und globalem Austausch. In dieser europäischen Realität ist es an der Zeit, diese Vielfalt auch im kosmopolitischen Sinne zu begreifen. Eine europäische Identität muss sich nicht auf Abgrenzung zu „Anderem" oder auf eine Entweder-Oder-Identität stützen, sondern kann als Inklusion und Gleichzeitigkeit verstanden werden: „Europäische Identität meint nicht – wie die nationale Identität – kulturelle Monogamie, sondern kulturelle Polygamie" (Beck zit. nach Rebling 2006).

Eine europäische Identität, geteilte europäische Werte und ein kulturelles europäisches Gedächtnis, so wandelbar und subjektiv diese auch sein mögen, erscheint ein grundlegender Bestandteil von Europa und der erfolgreichen Gestaltung und Durchsetzung von Politik. Mit der Einführung der Unionsbürgerschaft wollten viele Akteurinnen und Akteure einen bedeutsamen Schritt in Richtung „transnationale Gleichheit" (Haltern 2005) gehen. Der damalige Ratspräsident José Sócrates beschreibt die europäische Charta der Grundrechte als eben einen solchen Wertekanon: „50 Jahre, nachdem die Gründerväter Europas aus Ruinen des zerstörten Kontinents die Europäische Gemeinschaft ins Leben riefen, wollen wir gemeinsam unsere Werte als Kern europäischer Identität zum Ausdruck bringen." (José Sócrates 2007 in Lissabon bei der Unterzeichnung der Charta[1]). Dabei muss eine solche Beförderung von Identität allerdings auch ehrlich und ohne Tabus geschehen. Wir EuropäerInnen müssen uns unserer Geschichte und der daraus resultierenden Gegebenheiten bewusst sein und Verantwortung übernehmen. Besonders hervorzuheben

---

[1] Abrufbar unter:
http://www.spiegel.de/politik/ausland/europaeisches-parlament-tumulte-bei-unterzeichnung-von-eu-grundrechte-charta-a-522960.html

ist an dieser Stelle die europäische Kolonialgeschichte, die weder auf nationaler, noch auf europäischer Ebene in angemessenem Maße aufgearbeitet ist – noch spiegeln sich die Erkenntnisse aus der Vergangenheit in der aktuellen entwicklungspolitischen und wirtschaftlichen Arbeit wieder. Die Unabhängigkeit der afrikanischen Staaten von ihren europäischen Kolonialherren manifestiert sich heute immer noch in dramatischen wirtschaftlichen und politischen Abhängigkeiten; selbst rohstoffreiche Länder wie Gabun, der Kongo oder die Elfenbeinküste profitieren in der Regel kaum von ihren Gewinnen, die größtenteils nach Europa bzw. zu europäischen Unternehmen abwandern oder in den Händen der (oft) despotischen politischen Eliten landen, nicht jedoch bei der Bevölkerung. Wir fordern ein Europa, das ein solches kulturelles Gedächtnis mit der daraus resultierenden Verantwortung als Basis des eigenen politischen, wirtschaftlichen und gesellschaftlichen Handelns macht.

„Mehr Europa" obgleich dieser Ausspruch nahezu inflationär und von den unterschiedlichsten Instanzen benutzt wird, möchten auch wir unser Ziel von „mehr Europa" als letzte zentrale Perspektive skizzieren: Die wissenschaftlichen Essays haben bestätigt, dass die Probleme hinsichtlich Gleichheits- und Freiheitsrechten primär bei den Nationalstaaten liegen. Hohe Standards auf supranationaler Ebene sind möglich und können wegweisend auf die Mitgliedsstaaten wirken. In vielen Bereichen wie Bildung, Kinder- und Jugendpolitik (insbesondere mit dem Fokus auf europaweite Strategien zur Bekämpfung der massenhaften Jugendarbeitslosigkeit), ArbeitnehmerInnenrechte und Arbeitsschutz, in der Minderheiten- oder in der Gleichstellungspolitik können mehr einheitliche europäische Standards und eine stärkere Europäisierung daher maßgeblich zu mehr Grundrechteschutz in Europa beitragen.

Tony Judt ermahnte uns im Jahr 2010 in seinem Werk „Das vergessene 20. Jahrhundert" daran, dass wir nicht weiter einer Politik der Angst anheimfallen dürfen. Die hier versammelten Aufsätze zeigen deutlich, wie sehr nationale aber auch supranationale Politiken sich von vermeintlichen Sicherheitsargumenten leiten lassen. Leider haben inzwischen viele Menschen über ihre Angst vor Terroranschlägen, Arbeitslosigkeit und Wohlstandsverlust vergessen, wie viele Menschen in Europa ihr Leben lang für das Gegenteil gekämpft und nicht selten ihr Leben gelassen haben: für die Freiheit. Die Freiheit vor der Angst, die Freiheit vor Eingrenzung, Begrenzung, Unterdrückung und Diskriminierung. Dieser Band versucht uns und Sie – die Leserinnen und Leser – daran zu erinnern.

Referenzen

Haltern, Ulrich (2005): Das Janusgesicht der Unionsbürgerschaft. Abrufbar unter: http://130.75.2.183/fileadmin/fakultaet/Institute/INTIF/Haltern/Veroeffentlichungen/Zeitschriften-_und_Buchbeitraege/Haltern.pdf

Hessel, Stéphane (2011): Empört Euch! Ullstein Verlag.

Judt, Tony (2010): Das vergessene 20. Jahrhundert. Die Rückkehr des politischen Intellektuellen. Hanser Verlag

Lindner, Franz Josef (2008): Zur grundsätzlichen Bedeutung des Protokolls über die Anwendung der Grundrechtecharta auf Polen und das Vereinigte Königreich – zugleich ein Beitrag zur Auslegung von Art.51 EGC, Abrufbar unter: http://www.europarecht.nomos.de/fileadmin/eur/doc/Aufsatz_Eur_08_06.pdf

Spiegel Online (2007): Tumulte bei Unterzeichnung von EU-Grundrechte-Charta. Abrufbar unter: http://www.spiegel.de/politik/ausland/europaeisches-parlament-tumulte-bei-unterzeichnung-von-eu-grundrechte-charta-a-522960.html

Anhang

Übersicht Menschenrechtsorganisationen

Agentur der Europäischen Union für Grundrechte (FRA), *www.fra.europa.eu.,* eine von der EU geschaffene Expert_innenkommission, die den Schutz der Grundrechte in Europa überwacht. Sie knüpft an die fundamentalen Rechte in der Charta der Grundrechte der Europäischen Union an und widmet sich europäischen Problemen wie Rassismus, Diskriminierung aus Gründen des Geschlechts, der Nationalität u.a. oder der Entschädigung von Opfern etc. *Kontakt:* European Union Agency for Fundamental Rights, Wien; Österreich, (0043)-1580300

Amnesty International, *www.amnesty.eu*, eine weltweit tätige NGP und Bewegung von Menschen, welche sich für die international anerkannten Menschenrechte einsetzt. Mit seiner hohen Mitgliedsanzahl führt Amnesty International Nachforschungen durch und kämpft weltweit für Maßnahmen, um Menschenrechtsverletzungen zu verhindern und zu beenden. *Kontakt:* Amnesty International Institutions Office, Brüssel; Belgien, (0032)-25021499

Anti-Slavery International, *www.antislavery.org,* ist eine der ältesten Menschenrechtsorganisationen, die auf lokaler, nationaler und internationaler Ebene gegen Sklaverei kämpft. Das Team arbeitet mit Partnerorganisationen und tritt Projekten bei, die Sklaverei betreffen, wie z. B. Zwangsarbeit, Zwangsheirat und Menschenhandel. *Kontakt:* Anti Slavery International, London; Großbritannien, (0044)-2075018920

Arbeitskreis deutscher Bildungsstätten, *www.adb.de*, ist ein Zusammenschluss von Einrichtungen politischer Jugend-und Erwachsenenbildung mit unterschiedlichen Profilen. Diese widmen sich der politischen Bildung, Jugendbildung, Weiterbildung, als auch internationaler und interkultureller Bildung. Der Arbeitskreis bietet ein Forum für fachlichen Erfahrungsaustausch, Fortbildung und gemeinsame bildungspolitische Interessenvertretung. *Kontakt*: Arbeitskreis deutscher Bildungsstätten e. V., Berlin; Deutschland, (0049)-3040040122

Association for Women's Rights in development (AWD),*www.awid.org,* eine internationale, feministische Organisation, welche sich für die Gleichberechtigung der Geschlechter, Nachhaltigkeit und die Menschenrechte einsetzt. AWD ist ein dynamisches Netzwerk von Frauen und Männern auf der ganzen Welt, deren Mission es ist, die Stimme, den Einfluss und die Rechte der Frauen zu fördern und zu unterstützen. *Kontakt*: AWID Toronto Office, Toronto, Kanada, (001)-4165943773

CARE International, *www.care-international.org*, ist eine Nichtregierungsorganisation, welche sich für die Bekämpfung der globalen Armut einsetzt. Sie ist bereits in 84 Ländern vertreten und versucht, die Ursachen der Armut in Angriff zu nehmen. Sie gehört zu den ersten, die Überlebenden bei Umweltkatastrophen und im Krieg erste Hilfe leistet und nach Krisenende den Menschen dabei hilft, ihr Leben wieder aufzubauen. *Kontakt:* Representation office European institutions, Brüssel; Belgien, (0032)-25024333

Der Children's Defense Fund (CDF), *www.childrensdefense.org*, ist eine Lobbyorganisation für Kinder, die dafür arbeitet, dass alle Kinder unter fairen Bedingungen leben können. Der Children's Defense Fund zieht Kinder aus der Armut heraus, schützt sie vor Misshandlung und Vernachlässigung und stellt ihr Recht auf gleiche Versorgung und Bildung sicher. *Kontakt:* Children's Defense Fund, Washington; USA, (001)-800-233-1200

Deutsches Institut für Menschenrechte, *www.institut-fuer-menschenrechte.de,* wurde auf Empfehlung des deutschen Bundestages gegründet. Es informiert sich über die Lage der Menschenrechte im In- und Ausland und trägt zur Prävention von Menschenrechtsverletzungen sowie zur Förderung und zum Schutz der Menschenrechte bei. *Kontakt:* Deutsches Institut für Menschenrechte, Berlin; Deutschland, (0049)-302593590

Deutsche Liga der Menschenrechte, *www.menschenrechte-liga.de*, gehört seit dem ersten Weltkrieg zu den sehr engagierten Gegnern und auch Opfern der Nazibewegungen. Sie setzt sich für Gerechtigkeit, Demokratie, Solidarität, gegen politischen Radikalismus, Behördenwillkür, Justizmissbrauch und Intoleranz ein. Sie nimmt Einfluss auf das Verhalten sowohl einzelner Bürger_innen als auch staatlicher und privater Institutionen. Außerdem tritt sie für internationale Bewegungen, Verständigung und Völkerfreundschaft ein. *Kontakt*: Deutsche Liga für Menschenrechte, Hamburg; Deutschland, (0049)-4043097506

FoodFirst Informations- und Aktionsnetzwerk, *www.fian.org*, setzt sich dafür ein, dass alle Menschen frei von Hunger leben und sich selbst ernähren können. Das Netzwerk kämpft für das Recht auf angemessene Ernährung auf der Basis internationaler Menschenrechtsabkommen, wie dem Sozialpakt. *Kontakt*: FIAN, Brüssel; Belgien, (0032)-26408417

Human Rights Action Center (HRAC), *www.humanrightsactioncenter.org,* ist eine gemeinnützige Organisation, die ihren Sitz in Washington, D. C., hat und von Jack Haley angeführt wird, dem weltberühmten Menschenrechtsaktivisten und Pionier. Das Center arbeitet an Problemen im Zusammenhang mit der Allgemeinen Erklärung der Menschenrechte. Dabei es sich neben sozialwissenschaftlicher Forschung auch auf die Entwicklung von innovativen Technologien und auf die Erschaffung und Entwicklung neuer Strategien, um Missständen im Bereich der Menschenrechte Einhalt zu gebieten. Es unterstützt außerdem wachsende Menschenrechtsgruppen auf der ganzen Welt. *Kontakt*: HRAC, Washington; USA, (001)-202-957-3289

Human Rights Watch (HRW), *www.hrw.org, ist eine welt*weit führende unabhängige Organisation, welche sich dem Schutz und der Verteidigung der Menschenrechte widmet. HRW schützt unterdrückte Menschen und macht die Unterdrückenden verantwortlich für ihre Verbrechen. Die Organisation kämpft seit über 30 Jahren weltweit für mehr Sicherheit und Gerechtigkeit für Menschen. *Kontakt*: CDF, Brüssel; Belgien, (0032)-27322009

Human Rights Without Frontiers (HRWF**)**, *www.hrwf.net*, richtet sein Hauptaugenmerk auf dem Gebiet der Menschenrechte auf Überwachung, Nachforschung und Analyse sowie auf die Förderung von Demokratie und Rechtsstaatlichkeit auf nationaler und internationaler Ebene. HRWF arbeitet an der Annahme, dass Ideen und nicht die Position und Interessen des Staates eine große Bedeutung in den internationalen Beziehungen haben. *Kontakt*: HRWF, Brüssel; Belgien, (0032)-23456145

Internationale Gesellschaft für Menschenrechte (IGFM*)*, *www.igfm.de,* unterstützt *M*enschen, welche sich gewaltlos für die Verwirklichung der Menschenrechte in ihren Ländern einsetzen oder verfolgt werden, weil sie die Menschenrechte einfordern. IGFM ist eine gemeinnützige und mildtätig anerkannte Nicht-regierungsorganisation, deren Arbeit überwiegend durch Ehrenamtliche geleistet wird. Sie ist weltweit durch 26 Sektionen und vier nationale Gruppen vertreten. *Kontakt:* IGFM, Frankfurt am Main; Deutschland, (0049)-694201080

Islamic Human Rights Commission (IHRC), *www.ihrc.org.uk*, arbeitet eng mit dem Wirtschafts- und Sozialrat der UN (economic and social council) zusammen und unterstützt die Durchsetzung der Menschenrechte insbesondere im islamischen Kontext. Islamophobie und religiös motivierter Rassismus sind traurige Realität auch in Europa, und die IHRC versucht diesen Strömungen durch umfassende Maßnahmen und Öffentlichkeitsarbeit entgegenzuwirken. Dabei unterstützen sie auch individuell Menschen, die Diskriminierungen erleiden. *Kontakt:* Islamic Human Rights Commission, Wembley; Großbritannien, (0044) - 20 8904 4222

Medica Mondiale, *www.medicamondiale.org*, unterstützt kriegstraumatisierte Frauen und Mädchen und zeigt Solidarität mit Frauen, die Gewalt erfahren haben. Die Mitarbeiterinnen von Medica Mondiale setzen sich als Anwältinnen von Frauen und Mädchen ein, indem sie Ungerechtigkeiten, Diskriminierungen und Gewalt benennen und verurteilen. Außerdem setzt sich die Organisation dafür ein, dass Frauen aktiv an Konfliktlösungsstrategien und Friedensprozessen sowie an Verfassungsschreibung und Gesetzgebung mitwirken können. Dazu wird unter anderem der Aufbau von frauenpolitischen Aktivistinnen und übergreifenden Netzwerken unterstützt. Auch auf Projektebene fördert Medica Mondiale eine aktive Mitwirkung aller Frauen, die auf verschiedene Weise an den Projekten beteiligt sind. *Kontakt*: Medica Mondiale, Köln; Deutschland, (0049)- 2219318980

Minority Rights Group, *www.minorityrights.or*g, beschäftigt sich mit den Rechten von Minderheiten bzw. mit Gruppen, die innerhalb der Mehrheitsgesellschaften oftmals marginalisiert werden. Die Organisation bietet Unterstützung in Rechtsfragen, gibt Trainings und macht viel Presse- und Öffentlichkeit nicht nur für sich selbst, sondern regt Menschen an, selbst am öffentlichen und medialen Diskurs teilzunehmen. *Kontakt:* Minority Rights Group International, London; Großbritannien, (0044) - 20 7422 4200

National Association for the Advancement of Colored People (NAACP), *www.naacp.org,* wurde 1909 gegründet und ist somit die national älteste und größte Menschenrechtsorganisation. Die Aufgabe der NAACP besteht darin, die politische, bildungsbezogene, soziale und wirtschaftliche Qualität der Rechte aller Menschen sicherzustellen und Hass und Diskriminierung aufgrund der Hautfarbe zu bekämpfen. *Kontakt:* NAACP, National Headquarters Baltimore; USA, (001)-4105805777

Nürnberger Menschenrechtszentrum, *www.menschenrechte.org.* Seine Ziele sind die Unterstützung und Förderung der Menschenrechtsarbeit, die wissenschaftliche Erforschung von Menschenrechts-fragen und die Förderung der Menschenrechtserziehung. Des Weiteren unterstützt dieses Zentrum den Infor-mationsaustausch und die Verständigung mit anderen Menschenrechtsgruppen. *Kontakt*: Nürnberger Menschenrechtszentrum, Nürnberg; Deutschland, (0049)-911-2305550

Pro Asyl, *www.proasyl.de,* ist eine unabhängige Stimme, die sich für den Schutz und die Rechte verfolgter Menschen in Deutschland und Europa einsetzt. Neben der politischen Lobby- und Öffentlichkeitsarbeit, Recherchen und der Unterstützung bundesweiter Initiativgruppen will Pro Asyl Menschen in ihrem Asylverfahren begleiten und konkrete Einzelfallhilfe leisten. *Kontakt:* Pro Asyl, Frankfurt am Main; Deutschland, (0049)-69230688

Roma National Congress, *romanationalcongress.-webs.com*, ist eine Dachorganisation für europäische Roma-Verbände und Einrichtungen und kämpft für die Verbesserungen der Lebensverhältnisse von Angehörigen der Roma im Hinblick auf Bildung, Rassismus/ Antiziganismus, Armut, Arbeitslosigkeit und kultureller Marginalisierung. Dabei fördern sie die Emanzipation und *Empowerment* der Mitgliedsorganisationen und weisen auf politische Rechte hin. *Kontakt:* Roma National Congress, Kumanovo; Mazedonien, (00389)- 31 427 558

Simon Wiesenthal Zentrum, *www.wiesenthal.com*, ist eine globale, jüdische Menschenrechtsorganisation, welche Antisemitismus, Terror und Hass entgegenwirkt und die für die Einhaltung von Menschenrechten kämpft. Sie setzt sich für den weltweiten Schutz von Jüdinnen und Juden ein und macht auf den Holocaust aufmerksam. Mit einer Zusammensetzung von über 400.000 Haushalten weltweit, ist sie als NGO von internationalen Organisationen, wie den United Nations, UNESCO, OSCE, Organization of American States (OAS), the Latin Parliament (PARLATINO) und dem Council of Europe anerkannt. *Kontakt*: Simon Wiesenthal Zentrum, Los Angeles; California, (001)-3105539036

Solidarity with Women in Distress (SOLWODI), *www.solwodi.de,* ist eine Hilfsorganisation, welche in Kenia entsprungen ist und mittlerweile 15 Beratungsstellen in Deutschland hat. SOLWODI setzt sich für Opfer von Menschenhandel und Zwangsprostitution, Opfer von Beziehungsgewalt, von Zwangsheirat Bedrohte oder aus Zwangsehen Geflohene ein. Es können sich auch Migrantinnen wegen aufenthaltsrechtlicher Probleme oder Integrationsbeschwerden an diese Organisation wenden. *Kontakt:* SOLWODI Beratungsstelle Berlin; Deutschland, (0049)-67412232

Terre de femmes, *www.terre-des-femmes.de*, ist eine gemeinnützige Menschenrechtsorganisation für Mädchen und Frauen, die durch internationale Vernetzung, Öffentlichkeitsarbeit, Aktionen, persönliche Beratung und Förderung von einzelnen Projekten Mädchen und Frauen unterstützt. Die Organisation setzt sich dafür ein, dass Mädchen und Frauen ein gleichberechtigtes und selbstbestimmtes Leben führen können und unveränderliche Rechte genießen. *Kontakt*: Terre des femmes, Berlin; Deutschland, (0049)-30405046990

Terre des hommes, *www.tdh.de*, ist ein internationales Kinderhilfswerk. Neben der Unterstützung zahlreicher Entwicklungs- und Nothilfeprojekte in mehr als 30 Ländern engagiert sich terre des hommes auch politisch für Kinderrechte. *Kontakt*: TDH, Vertretung in Brüssel; Belgien, (0032)-28930951

Unifem, *www.unwomen.de*, Einheit der Vereinten Nationen, welche sich weltweit für die Gleichberechtigung der Geschlechter. Das UN Women Nationales Komitee Deutschland unterstützt die Arbeit der UN Behörde auf nationaler Ebene mit Bildungs- und Öffentlichkeitsarbeit sowie mit Fundraising-Aktivitäten. *Kontakt*: Unifem, Bonn; Deutschland, (0049)-2284549340

Womens Refugee Commission, *www.womensrefugeecommission.org*, unterstützt Gesetze und Programme, um die Lebensverhältnisse von Flüchtlingen zu verbessern und schützt ihre Rechte. Dies betrifft vor allem vertriebene Frauen, Kinder und junge Menschen, einschließlich derer, die um Asyl bitten. *Kontakt:* WRC, New York; USA, (001)-2125513115

Youth for Human Rights, *www.youthforhumanrights-.org*, ist eine internationale, gemeinnützige Organisation. Die Absicht von YHRI ist es über, die Menschenrechte aufzuklären und sich für Toleranz und Frieden einzusetzen; gerade Kinder und Jugendliche sollen auf ihre Rechte aufmerksam gemacht und der Einsatz für Menschenrechte über Welttouren gestärkt werden. *Kontakt*: YFHR, Los Angeles, California, (001)-3236635799

Ergänzende Literaturhinweise

Andall, Jacqueline: *Gender and ethnicity in contemporary Europe*, Oxford, Berg Publishers, 2003.

Anthias, Floya; Lazaridis, Gabriella: *Gender and migration in southern Europe: women on the move*, Oxford, Berg Publishers, 2000.

Arndt, Susan/ Ofuatey-Alazard, Nadja: *Wie Rassismus aus Wörtern spricht. (K)Erben des Kolonialismus im Wissensarchiv deutsche Sprache. Ein kritisches Nachschlagewerk*, Münster, Unrast Verlag, 2011.

Attia, Iman: *Die "westliche Kultur" und ihr Anderes. Zur Dekonstruktion von Orientalismus und antimuslimischem Rassismus*, Bielefeld, Transcript Verlag, 2009.

Augustin, Christian/ Wienand, Johannes, Winkler, Christiane: Religiöser *Pluralismus und Toleranz in Europa*, Wiesbaden, VS Verlag für Sozialwissenschaften, 2006.

Bade, Klaus J.: *Enzyklopädie Migration in Europa: vom 17. Jahrhundert bis zur Gegenwart*, Paderborn, Ferdinand Schöningh Verlag, 2007.

Bauszus, Detlef David: *Politik, Religion und die demokratische Republik in der Analyse Alexis de Tocquevilles „Über die Demokratie in Amerika"*. In: Werkner, Ines-Jaqueline/ Liedhegener, Antonius/ Hildebrandt, Mathias (Hrsg): *Religionen und Demokratie. Beiträge zu Genese, Geltung und Wirkung eines aktuellen politischen Spannungsfeldes*, Hessen, VS Verlag, 2009, S. 17-28.

Bednarz-Braun, Iris; Heß-Meining, Ulrike: *Migration, Ethnie und Geschlecht: Theorieansätze, Forschungsstand, Forschungsperspektiven*, Wiesbaden, VS Verlag für Sozialwissenschaften, 2004.

Behr, Hartmut/ Hildebrandt, Mathias: *Politik und Religion in der Europäischen Union. Zwischen nationalen Traditionen und Europäisierung*, Wiesbaden, VS Verlag für Sozialwissenschaften, 2006.
Benhabib, Seyla: *Die Rechte der Anderen*. Suhrkamp, Franfurt am Main, Suhrkamp, 2008.
Bodemann, Y. Michal; Yurdakul, Gökce: *Staatsbürgerschaft, Migration und Minderheiten. Inklusion und Ausgrenzungsstrategien im Vergleich*, Wiesbaden, VS Verlag für Sozialwissenschaften, 2010.
Böttigheimer, Christoph/ Bruckmann, Florian: *Religionsfreiheit – Gastfreundschaft - Toleranz. Der Beitrag der Religionen zum Europäischen Einigungsprozess*, Regensburg, Verlag Friedrich Pustet, 2009.
Brabandt, Heike/Epping,Volker/Hoffmann, Jan Martin: *Menschenrechte und Migration in Europa*, Münster, LIT Verlag, 2009.
Bruckner, Pascal: *Vom Recht von Differenz gelangt man rasch zur Differenz der Rechte*. In: Chervel, Thierry/ Seeliger, Anja (Hrsg): Islam in Europa. Eine internationale Debatte, Frankfurt am Main, Suhrkamp, 2007, S. 200-207.
Butterwegge, Christoph/Hentges, Gudrun: *Zuwanderung im Zeichen der Globalisierung. Migrations-, Integrations- und Minderheitenpolitik*, 3. Aufl. Wiesbaden. VS Verlag für Sozialwissenschaften, 2006 (Interkulturelle Studien Bd. 5).
Chakrabarty, Dipesh: *Europa als Provinz. Perspektiven postkolonialer Geschichtsschreibung*, Frankfurt am Main, Campus Verlag, 2010.
Esser, Hartmut (2008): *Assimilation, ethnische Schichtung oder selektive Akkulturation? Neuere Theorien der Eingliederung von Migranten und das Modell der*

intergenerationalen Integration. In: Kalter, Frank (Hrsg): Migration und Integration, Wiesbaden, Kölner Zeitschrift für Soziologie und Sozialpsychologie, 2008, Sonderheft 48/2008, S.81-108.

Forst, Rainer: *Toleranz und Anerkennung.* In: Augustin, Christian/ Wienand, Johannes, Winkler, Christiane: Religiöser Pluralismus und Toleranz in Europa, Wiesbaden, 2006, VS Verlag für Sozialwissenschaften, S. 78-83.

Geddes, Andrew: *Immigration and European Integration. Towards Fortress Europe?* Manchester, Manchester University Press, 2000.

Habermas, Jürgen: *Anerkennungskämpfe im demokratischen Rechtsstaat.* In: Tayler, Charles: Multikulturalismus und die Politik der Anerkennung, Frankfurt am Main, Suhrkamp, 2009, S. 123-163.

Han, Petrus: *Theorien zur Internationalen Migration: ausgewählte interdisziplinäre Migrationstheorien und deren zentralen Aussagen,* Baden Württemberg, Lucius&Lucius, 2006.

Harrington, Sue: *Aspects of gender identity and craft production in the European migration period: iron weaving beaters and associated textile making tools from England, Norway and Alamannia,* Oxford, British Archaeological Reports Ltd, 2008.

Heckmann, Friedrich/Schnapper, Dominique: *The Integration of Immigrants in European Societies. National Differences and Trends of Convergence,* Stuttgart, Lucius & Lucius, 2003, (Forum Migration Bd. 7).

Hentges, Gudrun: *Migrations- und Integrationsforschung in der Diskussion: Biografie, Sprache und Bildung als zentrale Bezugspunkte,* Wiesbaden, VS Verlag für Sozialwissenschaften, 2010.

Hentges, Gudrun; Butterwege, Christoph: *Massenmedien, Migration und Integration: Herausforderungen für Journalismus und politische Bildung,* Wiesbaden, VS Verlag für Sozialwissenschaften, 2006.
Joas, Hans; Wiegandt, Klaus (Hg.): *Die kulturellen Werte Europas.* Forum für Verantwortung, Frankfurt am Main, Fischer Verlag, 2005.
Kalter, Frank: *Migration und Integration,* Wiesbaden, VS Verlag für Sozialwissenschaften, 2007.
Luft, Stefan; Schimany, Peter (Hg.): *Integration von Zuwanderern. Erfahrungen, Konzepte, Perspektiven,* Bielefeld, Transcript Verlag, 2010.
Luft, Stefan: *Staat und Migration. Zur Steuerbarkeit von Zuwanderung und Integration,* Frankfurt am Main, Campus Verlag, 2009.
Minkenberg, Michael/ Willems Ulrich: *Politik und Religion. PVS – Politische Vierteljahresschrift.* Sonderheft 33/2002, Wiesbaden, Westdeutscher Verlag, 2002.
Olesky, Elzbieta H../Petö, Andrea/Waaldijk, Berteke, *Gender and citizenship in a multicultural context,* Frankfurt am Main, Lang, 2008.
Oltmer, Jochen: Migrationsforschung und interkulturelle Studien, Osnabrück, Imis, 2002, (Bd. 11).
Opielka, Michael: *Kultur versus Religion? Soziologische Analysen zu modernen Wertekonflikten.* Transcript, Bielefeld, 2007.
Sackmann, Rosemarie: *Zuwanderung und Integration. Theorien und empirische Befunde aus Frankreich, den Niederlanden und Deutschland,* Wiesbaden, VS Verlag für Sozialwissenschaften, 2004.

Seeger, Bernhard: *Europäische Integration und Säkularisierung von Staat und Politik*, Baden-Baden, Nomos, 2008.

Sow, Noah: *Deutschland Schwarz Weiß. Der alltägliche Rassismus,* München, Goldmann Verlag, 2009.

Stalford, Helen: *Gender and migration in 21st century Europe*, Hampshire, Ashgate Publishing Limited, 2009.

Tayler, Charles: *Multikulturalismus und die Politik der Anerkennung,* Frankfurt am Main, Suhrkamp, 2009.

Toggenburg, Gabriel N./ Rautz, Günther: *ABC des Minderheitenschutzes in Europa*, Stuttgart, UTB, 2010.

Werkner, Ines-Jaqueline/ Liedhegener, Antonius/ Hildebrandt, Mathias: *Religionen und Demokratie. Beiträge zu Genese, Geltung und Wirkung eines aktuellen politischen Spannungsfeldes*, Wiesbaden, VS Verlag für Sozialwissenschaften, 2009.

Wienand, Johannes/ Wienand, Christiane: *Die kulturelle Integration Europas*, Wiesbaden, VS Verlag für Sozialwissenschaften, 2010, S. 7-30

Wohlrab-Sahr, Monika; Tezcan, Levent: *Konfliktfeld Islam in Europa*, Baden-Baden Soziale Welt, Nomos, 2007.

Zu den Autorinnen und Autoren

Nina Alef studiert Integrierte Europastudien an der Universität Bremen und befindet sich gerade im Rahmen ihres Studiums ein Jahr in Mexiko. Sie intessiert sich insbesondere für europäische Perspektiven im globalen Kontext.

Sophie Bose ist Studentin der Politik- und Kulturwissenschaften (BA) an der Universität Bremen. Ihre Studienschwerpunkte sind politische Theorie, Vergleichende Politikwissenschaft und Ethnologie. Sie arbeitet ehrenamtlich als Teamerin in der politischen Jugendbildungsarbeit beim Arbeitskreis Courage der DGB-Jugend Bremen zu den Themen Macht, Diskriminierungen, Vorurteile, Rassismus, Antisemitismus.

Zlatka Charkarova ist in in Kardzhali, Bulgarien geboren und aufgewachsen. Sie hat erfolgreich den BA Integrierte Europastudien abgeschlossen und studiert dezeit das interdisziplinäre Masterprogramm Komplexes Entscheiden an der Universität Bremen.

Lena Graser studiert den interdisziplinären Master Komplexes Entscheiden an der Universität Bremen. Ihre Schwerpunktthemen sind europäische Fragen und Probleme wie: Rassismus und Critical Whiteness, Aufrüstung und Militarisierung und Nationalismus (insbesondere in der Türkei). Seit mehreren Jahren ist sie in der internationalen Jugendarbeit tätig, gibt Workshops zu verschiedenen europäischen und bildungspolitischen Themen und engagiert sich in der Hochschulpolitik.

Alexander Hauschild begann nach seinem Zivildienst

in der Internationalen Jugendbegegnungsstätte in Oswiecim/ Auschwitz sein Studium der Integrierten Europastudien an der Universität Bremen. Derzeit befindet er sich an der International School der University of Haifa (Honors Program in Peace and Conflict Studies).

Sophia Kleinmann, Bachelor of Arts Politikwissenschaft an der Universität Bremen (2010 – 2013). Besondere Studieninteressen sind der Europäische Integrationsprozess, Grund-, Menschen- und Bürger_innenrechte im europäischen Kontext, Asyl- und Flüchtlingspolitik der EU und in Deutschland.

Henrike Müller, Dr. rer. pol.; Politikwissenschaftlerin; ist Wissenschaftliche Mitarbeiterin am Centre for European Studies (CEuS) an der Universität Bremen. Ihre Arbeitsschwerpunkte sind Europäisierungsprozesse, Migrationsforschung, Geschlechterforschung und Europapolitische Bildung

Dorothea Oelfke ist Studentin des Bachelorstudiengangs "Integrierte Europastudien" an der Universität Bremen. Geprägt durch längere Auslandsaufenthalte in Litauen und der Türkei, entwickelte sie besonderes Interesse, an der Analyse bestimmter Problemlagen innerhalb des Ost- und Südosteuropäischen Raumes.

Saskia Tanja Petersen ist Studentin des Bachelor-Programms 'Integrierte Europastudien' an der Universität Bremen. Ihr besonderes Interesse gilt den Themen Minderheitenschutz in Europa, Frauen- und Kinderrechte und der Französischen Sprache.

Jana Pittelkow ist ausgebildete Mediengestalterin und studiert derzeit im 5. Semester Integrierte Europastudien an der Universität Bremen. Ihr Interesse gilt vor allem den Beziehungen der EU zu iberoamerikanischen Ländern. Neben ihrem Studium arbeitet sie ehrenamtlich in der Lateinamerika-Gruppe von Amnesty International Bremen.

Jakob Roßa studierte Politikwissenschaft an der Universität Bremen. Thematische Schwerpunkte waren Rassismus, Postkolonialismus und kritisches Weißsein. Ebenfalls beschäftigt er sich mit diesen Themen aktivistisch. Unter anderem durch die Mitorganisation einer Veranstaltung mit Noah Sow in Bremen 2012 und der Veröffentlichung eines Artikels im MiGAZIN.

Fabian Schrader hat von 2009 bis 2012 Politikwissenschaft und Linguistik an der Universität Bremen studiert. Sein besonderes Forschungsinteresse gilt den thematischen Schwerpunkten Migration, politische Kommunikation und Kolonialismus.

Christoph Wiebold ist Student des Bachelor-Programms 'Integrierte Europastudien' an der Universität Bremen. Sein besonderes Interesse gilt der EU in den internationalen Beziehungen und der Konflikt-trächtigkeit des Nationalstaates. In den vergangenen Jahren hat er sich intensiv mit der europäisch-türkischen Beitrittsdebatte beschäftigt und verbringt momentan ein Semester an der Bilgi University in Istanbul.

Europäisierung
Beiträge zur transnationalen und transkulturellen Europadebatte
hrsg. von Prof. Dr. Ulrike Liebert, Prof. Dr. Josef Falke und Prof. Dr. Wolfgang Stephan Kissel
(Universität Bremen)

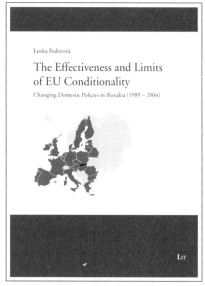

Wolfgang Kissel; Ulrike Liebert (Hg.)
Perspektiven einer europäischen Erinnerungsgemeinschaft
Nationale Narrative und transnationale Dynamiken seit 1989
Die in diesem Band versammelten 12 Beiträge namhafter Wissenschaftler/innen aus Deutschland, Russland, USA, Polen, Ungarn und Holland nehmen eine kritische Haltung zur behaupteten oder angestrebten Vereinheitlichung des europäischen Erinnerungsraumes ein. Ihr Interesse gilt den neuen Konstellationen, Konflikten und Wechselwirkungen nach 1989, welche Europas vielfältige Narrative und Gedächtnisorte tief greifenden Wandlungsprozessen unterziehen. Zu Beginn des 21. Jahrhunderts zeichnet sich daher kaum eine von oben steuerbare Vergemeinschaftung nationaler Erinnerungen ab. Die Perspektiven einer europäischen Erinnerungsgemeinschaft lassen sich dagegen in zivilgesellschaftlich und demokratisch-rechtsstaatlich vermittelten transnationalen Praxen der Versöhnung von Erinnerungskonflikten erkennen.
Bd. 7, 2010, 256 S., 19,90 €, br., ISBN 978-3-643-10964-4

Lenka Fedorová
The Effectiveness and Limits of EU Conditionality
Changing Domestic Policies in Slovakia (1989–2004)
This study examines domestic policies in Slovakia from the collapse of communism in 1989 until its EU accession in 2004. It traces policy changes in Slovak healthcare, regional policy, agriculture, and minority protection and assesses the capacity of domestic political actors and external agents to shape the policy arrangements and institutional environment in a democratizing state aspiring to join the EU. The study addresses the issues of democratic transition and consolidation in EU candidate states, evaluates the effectiveness and limits of EU conditionality in the respective policy domains, and contributes to current debates on democratization, Europeanization, and policy transfer.
Bd. 8, 2011, 240 S., 24,90 €, br., ISBN 978-3-643-11046-6

LIT Verlag Berlin – Münster – Wien – Zürich – London
Auslieferung Deutschland / Österreich / Schweiz: siehe Impressumsseite